歴史文化ライブラリー

127

文明開化と差別

今西一

吉川弘文館

目次

「日本」社会の排他性……1

江戸時代の差別と芸能民

「解放令」の社会史……12

賤民的芸能者たち……20

見世物と大道芸……42

芝居と相撲

役者たち……74

相撲の世界……102

文明化・帝国化のなかで

開化と差別……116

アジアのなかの「断髪」令……………………149
あとがき
参考文献

「日本」社会の排他性

戯曲「藪原検校」の世界

一九七一年六月、『中央公論』臨時増刊号「歴史と人物」に発表された、井上ひさしの戯曲『藪原検校《やぶはらけんぎょう》』は、多くの研究者に衝撃をあたえた。民俗学者小松和彦もまた、『藪原検校』に触発されて、「『異人排除』の側面に焦点を当て、それを浮かび上がらせてみたのが、私の『異人論』」であったと、自分の研究動機を率直に語っている（小松、一九九八）。

井上は、この戯曲についてのエッセー「二通の手紙」のなかで、次のような少年時代の思い出を語っている。

少年時代、ある事情があって、東北の、山形、岩手、宮城、青森の各県を転々としたが、私の転出先には、どういうわけか必ず、小さいが深い、暗緑色の腐ったような水を湛えた沼や池があって、それらの陰気な沼や池は、これまたどういうわけか、必ずそれぞれ「座頭池」「琵琶ヶ淵」「盲沼」「キンギョ池」など、盲人と因縁の深そうな名で呼ばれていたので、子供心にも、不思議だなと思った記憶がある。

井上はここでも、「『キンギョ池』とは正しくは『検校池』のことで、『検校』が東北風に訛《なま》ると『金魚』になる。ついでに付け加えると、『ローマの休日』を東北風に訛ると『老婆の弓術』、『クオ・ヴァデス』が『工場です』、『シミーズ』が『清水』となる」と、得意の言葉遊びをしている。

「これらの沼や池の名の由来を聞くと『昔、座頭や琵琶法師が誤って転落し、溺死したからだよ』というのが、いずれも共通した、それぞれの土地の人たちの答えだったが」、「いろいろの資料に当たってみると、盲人たちは誤って沼や池に転落したのではなく、どうやら目明きたちの手で、沼や池に突き落とされ、溺死を強いられた、というのが真実らしいのである」。

江戸時代の村では、平時には座頭を歓待し、奥浄瑠璃《おくじようるり》を語らせる「定法《じようほう》」があったが、「飢饉《ききん》に次ぐ凶作、凶作に続く不作」のなかで、「異人」歓待の「定法」が破られ、「座頭たちを沼や池の中に突き落とした」、「異人」殺しの残酷な事例が紹介されている。

この戯曲のなかで井上は、主人公杉《すぎ》の市《いち》（二代目藪原検校）と対照的な学者で勾当《こうとう》の塙《はなわ》保己市《ほきいち》に、「盲人は晴眼者からなにかうさん臭いもの、なにか生臭《なまぐさ》い存在だと見られておりますね」。「つまり、忌《い》み者嫌われ者です。粗暴、凶暴、殺伐、野蛮、吝嗇《りんしょく》、貪婪《どんらん》、強欲、胴欲《どうよく》、腹黒、陰険、非道、極道、没義道《もぎどう》、以《もっ》てのほか、ふてぶてしい、性悪《しょうあく》、狡猾《こうかつ》、そして、魔性。これが晴眼者の目に映る盲人の像です。晴眼者と対等につき合うためには品性を磨かなくてはならない」と語らせている（井上、一九七四）。

差別というものが、「他者」との関係性のなかでつくられるということを、よく示している言葉である。そして、杉の市は、悪のかぎりをつくし、最後には宙づりにされ、見せしめのため「三段斬り」で処刑される。

「異人」論の意義

これを民俗学の世界で展開したのが、小松和彦の『異人論』（一九八五年）である。このなかで小松は、「『異人殺し』伝説の発生（流行？）は『異人観』の変化による村びとたちの『異人』に対する具体的行動の変化に対応している。いま少し具体的にいえば、『異人殺し』伝説は、異人＝神という信仰の衰退や異人は大金を所持しているという観念の浸透、異人はしばしば忌避され、ときには殺されることもあったという事実、もしくは殺されても不思議はないという意識があって成立しうる」といった、民衆意識の「暗部」を問題にする。そして、「『異人殺し』のフォークロアの存在意義」を、「『異人』に対する潜在的な民俗社会の人びとの恐怖心と〝排除〟の思想によって支えられているフォークロア」だとする。

一九八〇年代には、具体的な子供の世界での「いじめ」事件の増発などもあって、「異人殺し」伝承のなかにある、民衆の〝排除〟の思想が問題になる。この「異人」論については、赤坂憲雄が『異人論序説』(一九八五年)のなかで、優れた研究史整理をおこなっているので、それを参照していただきたい。

ただ、近年の赤坂の精力的な「東北」研究に対して小松は、「赤坂さんの場合には、稲作文化の民俗を追いかけている民俗学者よりももっと悲愴です、雑穀文化はもっと滅びていっているわけですから。彼が見ている民俗は日本を一つの常民文化で描くのではなく、複数の文化として描く多元的なものですが、現代の新しいものは見えない」と批判する(小松・五十嵐、二〇〇〇)。確かに、赤坂は、『排除の現象学』(一九九一年)の「あとがき」のなかで、「近代は終わった、ポスト・モダンの時代がはじまった、と声高に叫」ぶ人びと対して、「近代はおろか前近代すらいまだ終わっていない」と批判している。

赤坂は、そのデビュー作『異人論序説』のなかでも、すでに「日本的心性の底に沈んでいる〈漂泊〉への志向」とか、網野善彦のいう「〈無縁〉の原理とその発現が、天皇制というフィクショナルな回路にたえまなく吸収され、その一部として無意識のうちに機能させられてしまう、この逆説的な光景」こそ、「日本の歴史を通底する主題」であるといった、「日本」や「日本人」、「日本文化」を連続的で、実態のあるものとしてとらえようとする方法意識が、あまりにも強烈である。したがって、豊富な事例を見事に整理した『排除の現象学』でも、その事例を彼の「異人論」のなかで解説するのが主で、なぜいま、ここまで〈いじめ〉の問題が深刻化するのか、という現代社会のなかでの分析が十分になされているとは思えない。

町村共同体の「団体性」

ただ小松・赤坂らの「異人論」は、民衆世界のなかの「暗部」を見事にえぐり出すものであるが、民話や民間伝承をそのままの素材として使っており、それ自体としては歴史学では使えない。そこで教えられたのが、朝尾直弘の一連の身分制にかんする論文である（朝尾、一九九五）。「日本近世都市の特質」という論文のなかで、朝尾は、「町内《ちょうじゅう》」と呼ばれた、近世の「町」共同体を、次のように規定している。

町《ちょう》は一般に町法（町掟・町式目）をもち、住民は町法にしたがう義務を有した。町法の内容は、第一は家屋敷の売買、したがって町の構成員の決定・加入をめぐることがらで、町の性格からしても、この問題は最も重要であり、初期から規定がみられた。（中略）成員の決定権は町中にあった。町ごとに職商規制があり、特定の職業や賤民の居住を禁じたものである。第二に、町内における成年・婚姻・相続・隠居などの諸儀礼を定めている。これは広くいえば成員の交替、成員候補者の決定、町によるそれらの認定にかんすることがらで、半面、通過儀礼の性格も兼ねていた。第三に、町の自治機関にかんする規定である。一般に、年寄とよばれる役人を成員の輪番で一両名を選出し、町の世話役、代表とし、その礼銭を定めるのがふつうである。このほか、用人、番人などの規定がある。また、成員集会の決議は多数決原理を採用していた。第四に、借家と借家人の統制にかんすることがらで、これは原則として家主である家持町人の責任が強調されるほか、借家人の人柄を保証する請人《うけにん》の地位も重視された。

この規定は、ほぼそのまま村落共同体にもあてはまる。そして朝尾は、町の成員を決定するのは、「町《ちょう》」共同体である、という説を展開する。これは、もう少し突っ込んでいえば、近世の身分を最終的に決めるのは、領主権力ではなく町や村の共同体の側である、という議論にもなる。

また朝尾は、前近代社会において、「身分は、その本質において局地的であり、かつ特殊的なものである」として、兵農分離によって、「士・農・工・商・えた・非人」といった、統一的な身分制度が、上から政治的につくられたとする「政治起源説」を批判する。中世の天皇家や寺社勢力を、その政治的・経済的基盤は奪っても、完全には解体できず、町村の「団体性」を公認した近世の統一権力は、さまざまな身分を在地に残した。そのなかでも最下層の「賤民集団」を、部落史の山本尚友《なおとも》は、宿《しゅく》、散所《さんじょ》（声聞師《しょうもんじ》）、えた、隠亡《おんぼう》、鉢叩《はちたたき》・鉦叩《かねたたき》、ささら説経、非人、物吉《ものよし》（癩者《らいしゃ》）、巫女《みこ》の九系列と、芸能系（猿引《さるひき》ほか）、その他（藤内《とうない》・木地屋《きじや》ほか）に区別して紹介している（山本、一九九九）。このなかでもえた・非人以外は、近代になっても「雑種賤民」と呼ばれ、部落差別とならんで根深い差別の対象とされてきた。本書では、この周縁的な身分の問題をもあわせて考えていきたい。

国民国家の排他性・抑圧性

朝尾は、この町村共同体の自治機能が、逆に排除の構造をつくることを見事に論証している（「近世の身分制と賤民」）。作家の司馬遼太郎もまた、淡路出身の豪商高田屋嘉兵衛《たかだやかへい》の生涯を描いた『菜の花の沖』（一九八二年）のなかで、日本人の排他性をつくったのは、鎖国と村落共同体だとしているが、この議論だけでは国民国家それ自体のもつ排他性が免罪されてしまう危険性がある。

そこで注目されるのが、西川長夫の国民国家論である。西川は、「国民（Nation）再考」という論文のなかで、「国民がわれわれ自身のものとして実感されるためには、排除すべき彼らが必要となる」とする。そして、エマニュエル・シエースの有名な『第三身分とは何か』（一七八九年）という著書を取り上げる。同書が「特権的な身分の排除と平等均質な共同体という国民国家のモデル――『第三身分は一国民全部を構成する』――を提出することによって、王朝的な国民概念を根底からくつがえした」意義は認めるが、「『第三身分は国民全部である』と言明して、第一（貴族）、第二身分（僧侶）を『異邦人』として排除したとき」、「さまざまな国境線（国民的／非国民的）が引かれる」ことに注目する。

そして、「フランス革命における外国人排除の過程は、政治の舞台における女性の排除の過程と軌を一にしていた。植民地における解放もまた同じ経過をたどるであろう」とする。「国民は解放の観念であると同時に抑圧の観念である。国民は時間的空間的に全体性を志向する統治の観念であ」り、「国民はのり越えられるべき歴史的概念である」と指摘する。近代国民国家は、「国家」を怪物にするだけではなく、「国民」をも怪物に変えていったのである（西川、一九九二）。

国民の形成とは、その対極に「非国民」をつくりだし、外国人や女性、下層の民衆を排除する過程である。「我々」と「彼ら」という二極対立が、強烈なナショナリズムや排外主義をつくりだしていくことは、最近の石原慎太郎東京都知事の「三国人」発言や、各地で起こっている外国人差別の問題を見てもよくわかる。近年の日本では、〈草の根の排外主義〉が強まっている。

しかも、日本は、国籍＝民族＝血統＝言語という「単一民族神話」の幻想が、最も強い国のひとつである。日本とともに、「血統」主義をとるドイツでさえ、外国人労働者の「二重国籍」が議論されるようになっている。しかし、日本では森喜朗前首相の「天皇中心の神の国」発言が飛び出し、排外主義や差別がつよめられている。いまこそ、「日本」社会の排他性を批判する歴史研究が重要である。

江戸時代の差別と芸能民

「解放令」の社会史

「解放令」の成立過程

一八七一年（明治四）八月二八日、明治政府は、「穢多《えた》非人等の称《しよう》廃され候条《そうろうじよう》、自今《いまより》身分職業共平民同様たるべきこと」という太政官《だじようかん》布告を出した。同時に各府県に対して、「穢多非人の称廃せられ候条、一般民籍に編入し、身分職業共すべて同一に相成候様《あいなりそうろうよう》取り扱うべく、尤《もつと》も地租其外除蠲《そのほかじよけん》（免除のこと）の仕来《しきたり》もこれあり候わば、引き直し方見込取り調べ、大蔵省へ伺い出づべき事」という通達も出している。これを一般に「賤民（称）廃止令」とか、「解放令」と呼んでいる。ここでは、その画期的な意味を強調して、「解放令」と呼びたい。

政府機関で最初にこの問題が議論されたのは、一八六九年（明治二）四月の公議所であった。しかし、ここでの議論は、それまで諸役負担《しょやく》が免除になっていた朱印《しゅいん》地やえた地などが、道路の距離や町村の数に入っていない場合があるので、これを改めようとする「里数御改正の議」であった。この議論のなかでも改定の前提としてえたの称を廃止しようとする議論もあったが、全体としてはとても「解放論議」などと呼べるものではなかった。

七一年三月には「斃《へい》牛馬持ち主勝手取り捌《さば》き」の布告が出され、それまでえたがおこなっていた死牛馬の処理が、勝手におこなえるようになっている。これに対して兵庫県では、七月二九日に戸板村のえたが、えた銀の廃止を願い出ている。えたの特権であった死牛馬の処利権が廃止された以上、役の負担の返上を願い出るのは当然である（今西、一九九三）。えたの側にも、賤業（称）を廃止したいという欲求が高まっている。

七〇年末には、京都府と東京府からも差別廃止にかんする建議が出されるが、いずれも国家有益の仕事をさせるか、上納金を納めた者を個別に賤民身分から解放する、といういわゆる「抜擢《ばってき》解放論」であり、即時無条件に「解放」するという「解放令」とは、直接につながるものではなかった。「解放令」に直接つながる政府内部の動きは、七〇年七月ごろの民部省の戸籍編製法案の作成過程で準備された、四民平等の立場から賤称を廃止し、平民の籍に編入する旨の布告案であったが、このときには太政官の採用にいたらなかった

(丹羽、一九九五)。

従来、「解放令」には、民部省の大江卓《たく》が大きな影響をあたえていたとされているが、彼の最初の建議は、それにもとづいて七一年三月に、太政官に提出された民部省の伺書《うかがいしょ》と基本的に同一で、賤民を平民の一等下におき漸次《ぜんじ》平民籍にする、という段階的なものであった。第二の建議は、一等下におく点は撤回したが、勧業資金を出金したものを平民にするという「抜擢解放論」であって、いずれも「解放令」には直接つながるものではなかった。しかも大江は、五月に福岡県に出張を命ぜられていて、「解放令」には直接関係していなかった。

では「解放令」は、どのようにして実現したのであろうか。七一年八月八日、大蔵省租税寮は、「穢多非人等の類屋敷地」の「除地《じょち》」(課税免除地)は、墓地を除いて廃止するべき旨の伺書を提出し、つづいて同月二二日には、「解放令」と同じ内容の「大蔵省原案」が提出され、同月二八日の「解放令」となった(上杉、一九九〇)。

八月八日の大蔵省の布告案の「除地」廃止、すなわち「穢多地」などに課税することは、その土地に対する地券を発行し、その売買を許可することを意味しており、ひいては居住制限を撤廃し、移動の自由を認めることになる。ここで、「除地」廃止から「解放令」に、

図1　京都府「えた」支配の変化

1871年2月

京都府──┬─本村庄屋(取締向諸願伺届・諸布告等等)──枝村(えた)
　　　　└─天部村年寄(身分へ付候義幷捕亡人夫等差出)─┘

1871年8月25日

(市中)　京都府──大年寄──天部村根寄──えた

(郡部)　京都府──┬─本村庄屋(租税・戸籍等)──────枝村(えた)
　　　　　　　　└─天部村年寄─(捕亡人足差出・探索手先等)┘

「解放令」以降

京都府──区──　町・村……枝町・村(元「えた」)

福島正夫『「家」制度の研究　資料編2』より

急速に転回したと考えられる。

「解放令」の社会的機能

「解放令」の制定過程については、前記のような上杉聰・丹羽邦男説以上のことを言う準備はないが、私は以前から「解放令」の社会的機能という問題を提起している。ここでは京都府の例をとるが、図1のように、「解放令」の施行前後に、京都府の「えた」支配は大きく転換する。

一八七一年二月の段階で京都府は、「穢多村」の場合、租税や諸願い・諸布告などの仕事は、本村の取り次ぎ庄屋の指揮を受け、刑吏の仕事は、「天部《あまべ》村」という頭《かしら》村の支配を受けるようになっていた。本村付きの支配と、頭村による支配の「二重支配」を認めていたのである。ところが、「解放令」の出される直前の八月二五日、天部村は市中の大年寄の支配に置かれ、市中に「仮寓する穢多」もまた天部村の支配の下に置かれることによって、大年寄の間接的な統制下に置かれるようになった。ただ郡部では、これまでの「二重支配」が容認されていて、刑吏などの仕事は、天部村年寄が統括することになっている。

そして、「解放令」直後の九月一九日、天部村は無税地は取調べのうえ納税を申し付けられ、戸籍編成は大年寄に差し出すようにと決められた。そのうえ「辻芝居」なども禁止され、これまで「身分」によって京都府庁から申し付けられていた「役用」などは、一切免除されたのである。

これは「身分制」の急激な解体であるが、「解放令」の社会的機能としては、頭村の支配を廃止することによって、天部村（特にその年寄）の「中間的身分団体」の「自治」を否定し、えたなどを府県行政の下の一般的「臣民」として垂直的に統合し、「支配の前の平等」を実現することでもあった。これは近代的行政をつくる重要な前提であった。

このことは、非人と「雑種賤民」についてもいえる。一八七一年九月一九日、京都府は府下の非人を統括する悲田院《ひでんいん》に対して、えたと同様に岡崎村領内の無税地は取調べのうえ納税を申し付けること、戸籍を編成して大年寄に差し出すこと、辻芝居の禁止、府庁からの役用の停止などの布達を出している。なかでも「小屋頭・組下・下役・小屋下等の名目」が禁止され、非人の頭支配が明確に否定され、市中の辻小路に「小便桶」などを置いて肥料として売っていた、非人番の特権なども禁止された。また、「夙《しゅく》・烟亡《おんぼう》・暦大《れきだい》・掌《しょう》墓《む》・産所《さんじょ》・巫《かんなぎ》」などと呼ばれた「雑種賤民」の人びとも、「身分職業とも平民同様たるべき」こととされた（福島、一九六二）。

これらの「改革」は、身分制の解体という問題とともに、江戸時代の町村「共同体」がもっていた、「扶養機能《ホスピタリティ》」を解体するという問題をもっていた。

町村「共同体」の扶養機能

江戸時代のえたは、死牛馬の処理や刑吏の仕事をするとともに、丹後の峰山（現京都府）などでは、元旦の「掃き始め」のとき、箒《ほうき》や草履《ぞうり》などを暮れに御家中・旧家などに配り、「扶持米《ふちまい》」をもらったりしている（「丹後国蜂山風俗問状答」）。

なにより中世末期から、芝居興行、能、相撲などの勧進興行では、えた村に興行税（櫓銭《やぐらせん》）を支払う慣行があった。しかし、一七〇八年（宝永五）に京都のからくり師小林新助が安房（現千葉県南部）でからくり芝居を興行中、えた頭の弾左衛門に、「無断興行」をしたとして訴えられるが、江戸町奉行所は、小林を勝訴にした。ここで、弾左衛門は櫓銭の権利を失い、人気役者二代目市川団十郎が、この事件を『勝扇子《かちせんす》』という書物に残して一躍有名になった。

だが、山城（現京都府）井手郷の上狛村（上駒村）の例などをみると、えたの「旦那場は芸能などの興行時の櫓銭だけでなく、神役や大水のさいの流木の取得権もふく」まれていた。「上方《かみがた》では櫓銭にたいする権利が江戸時代を通じて認められ」ていた（山本、一九九九）。

一方、非人たちは、現京都府下の宮津藩の場合だと、徒目付《かちめつけ》―番人頭―非人番―非人、同じく峰山藩の場合では、廻り同心―番人頭―非人番―非人といった、頭《かしら》支配のもとにおかれた。非人番たちは、その生活を町村共同体からもらう若干の非人番給と、物乞いによって支えられていた。宮津藩の非人番は、「非人・乞食を警《いまし》め、盗賊を捕縛し、および山林・稲番・自身番・辻番」（「明治二拾年　与謝郡各町村沿革調」）といった、警備の役をするかわりに、次のような物乞いの特権をもっていた（永浜、一九二二）。

番人の給料は各村適宜《てきぎ》と雖《いえど》も、年一俵より二俵までとす。その除《のぞき》は毎日米櫃《こめびつ》を荷《にな》ひ、長《お》さ百姓に十戸位飯を貰ひ廻り、大豆・大小麦の出来秋は勧進《かんじん》と唱へ各戸を廻り、五節句等には草履《ぞうり》を毎戸人員一人に一足づゝ持参し、その返しとして上は米七合、中以下は一合又は二三合位遣《つかわ》す。毎年正月には大黒舞《だいこくまい》として人形を舞はし、太鼓を打ち三味線をひき各戸を勧進して有志を促す。十二月にはせきぞろたい〳〵と唱へ各戸に勧進す。

このように非人番にいたっては、町村の警備をする代償として、非人番給とともに、「物乞い」をする「特権」が認められていたのである。これを「乞い場」といい、その地域は、ほぼ彼らの警備の範囲でもあった。非人番の物乞いには、正月の大黒舞や一二月の節季候《せきぞろ》など、宗教的な芸能活動と結びつくものが多かった。

また、特に興味深いのは、津山城下（現岡山県）では、非人番たちに、「一宮中山神社の祭礼をはじめ開帳などの見廻り、万人講、市町などの博奕《ばくち》の風聞探索、行倒れ人の手当さらに野伏非人の追い払いなど」の役をやらせるため、一七三九年（元文四）ころから幕末まで、春（夏の場合もある）の数日、万歳芝居《まんざい》の公演が認められている。ただ、「藩側の恣意により興行がしばしば差止められ、万歳芸が確たる収入源にとはならなかった」ようである（竹下、一九九七）。しかし、このような非人の芸能活動は、各地に存在すると考えられる。

賤民的芸能者たち

猿まわし

江戸時代の京都の正月は、賤民的な宗教者や芸能者たちの世界である。「新春を迎えると、四条河原の矢倉《やぐら》（櫓）芝居の桟敷が賑わい、大和からくる千寿万歳《せんずまんざい》、因幡《いなば》薬師町の猿まわしが、所司代邸の庭や禁裏の棗《なつめ》庭で新春を言祝《ことほ》いでいる。町の「人家の門口には、西宮の傀儡《くぐつ》師・万歳楽・春駒《はるこま》・鳥刺・鳥追《とりおい》・猿舞・大黒舞がやってきて、巧みな芸」を披露する。「競うように、伊勢の大神楽《だいかぐら》・鹿島の事触《ことふれ》・大原の巫子、竈祓《へつついはら》い・獅子舞が家々を廻ってお祓いをする。そのなかを清水坂の弦指（弦《つる》召《めそ》）の持つ懸想《けそう》文や卜筮《ぼくぜい》の家からの歳八卦《としはっけ》（暦）が売り歩かれ」ている（辻、一九九九）。

これは、黒川道祐《どうゆう》の『日次《ひなみ》記事』（一六七六年）からとられたものであるが、その代表例として猿まわしを見ていこう。猿まわしは、中世からある芸能だが、この記事を見ると、庶民の家に門付けしてまわる職と、所司代や禁裏（御所）で猿をまわして厩《うまや》祈禱をする職と、二つの職があったことがわかる。

『日次記事』より一年前の一六七五年（延宝三）に書かれた『遠碧軒記《えんぺきけんき》』によると、猿ひきは「正月五日に内裏へ行きて、その外は親王さま誕生の時は内裏に行く、姫宮のときは参らず、常も町をあるきて他処《よそ》のは入れずなり」としている。また、

猿ひきは京に六人あり、所々にありて外のは入らず、京にては因幡薬師の町に住す。山本七郎右衛門と云ふ。子供あれども一人づつは又拵《こしら》ふ。伏見のも京へは入らず筈なり。伏見のは装束をさせてまはす。京のは内裏かたへ行くときは急度《きつと》装束す。

とも書かれている。因幡薬師町に山本七郎右衛門を中心とした六人の猿まわし集団がいた。近隣の伏見といえども、余所者《よそもの》は入れなかったというから、独自の旦那場《だんなば》を形成していたと考えられる。

しかしこの後、京都の猿まわしの頭は、滝井兵庫という人物に変わり、一六九〇年ごろになった『人倫訓蒙図彙《じんりんきんもうずい》』によると、「京に来るは伏見の辺、その外所々に住す」とあるから、山本らの独占的な旦那場は、一七世紀後半には崩壊している。滝井は、京都壬生《みぶ》に

住んでいたが、一八三〇年ごろに他家から養子を迎えた。後年、大坂天王寺の五島米太夫兄弟が武井の下で御用を勤め、五島は毎年、一二月二九日に大坂八軒町から「禁裏御用《きんりごよう》」という高張りを立てた舟で京都に上り、壬生の武井の屋敷で潔斎して、正月五日の禁裏の御用を勤めた。四度ほど都合で参らなかった年があるが、東京遷都後の一八七一年の御留《お》守所《るすどころ》時代まで参内したという（高木、一九九一）。

近畿では、このほかに近江国（現滋賀県）の彦根藩主井伊家に仕えた、犬上《いぬかみ》郡高宮村の猿引式部こと小山右京や、紀州（現和歌山県）海草《かいそう》郡貴志荘の「猿引貴志甚兵衛」が有名である。また紀伊国那賀《なか》郡長田荘上田井村には、「北の端に猿屋垣内《かいと》といふ所あり、家数二十軒、皆猿ひきを業とす。平民これと婚を通せず」（『紀伊国続風土記』）といった、「猿屋垣内」がある。一九六〇年代後半の芸能史の織田紘二らの和歌山県の調査でも、「猿屋垣内」は「付近の人たちともまったく絶交渉で、もちろん結婚する人もなく、日常のどんな交際もなかった」という事例が報告されている（三隅ほか、一九六六〜六九）。

近年、山口県では村崎修二らによって、周防《すおう》の猿まわしが復活したが、古老の丸山吾一は、「わしらは芸人ちょうが、体裁のええイタキベヱ（乞食）みたいなもんじゃった」と語っている。巡業先で農民からは、「『あいつらは猿のションベン（小便）のついた米やらモチやら食う』ちゅうて、よう小馬鹿にされた」そうである（村崎、一九八六）。

これに対して江戸の猿まわしは、えた頭弾左衛門の支配下にあり、猿飼の頭長太夫や門太夫は、「弾左衛門の下にあって、江戸中の猿芝居や猿見世の興行を独占していたのであるし、また猿飼は一般民家には止宿できなかった」。しかし猿まわしは、非人とは違って、頭は「脇差を帯し、袴も着用　仕《つかまつり》」、手下でも「斬髪」などはしていなかったので、その身分は非人よりは上であった。

長太夫や猿飼たちは、浅草の弾左衛門の囲《かこい》のなかに住んでいたが、一八〇〇年（寛政一二）の記録によると、「猿飼は、六十一軒、そのうち、弾左衛門の囲内の家数は、十五軒である。残りの四十六軒が、十二ヵ国に散らばっている」（石井、一九八八・九四）。図2に見られるように、江戸の大名家でも、新春には猿まわしを呼んで、寿《ことほ》いでいるが、「猿に烏帽子《えぼし》をかむらせ、幣《ぬさ》をもたせて、舞わしている。これは、めでたい『三番叟《さんばそう》』のいでたちであろう」（京都部落史研究所、一九九四）。同じ関東でも、甲府（現山梨県）では、えた頭はなく、牢番《ろうばん》の三井庄蔵、藤曲《ふじまがり》直蔵が、えた、猿まわし、説経などを支配しており、支配の形態は地域によって実に多様である。

図2　新春、大名家の猿まわし（喜多川歌麿画）

万　歳

新春の京都に現れる千寿万歳は、大和（現奈良県）の生駒郡窪田村と北葛城郡箸尾村から来たが、この「両村は宿《しゆく》村の内なり」といわれている（『吉田名蹤綜録』）。彼らは「宿（夙）」と呼ばれた賤民たちであり、「夙が大和に十三カ村と云われ」ていた（竹内、一九四九）。大和の宿村では、生駒郡歌姫の土器生産や、高市郡坊城の箕《みの》作り・箒《ほうき》作りなどが有名であるとともに、「広瀬・百済辺からは、毎年沢山万歳楽に諸国を巡行したそうである」（香、一九二〇）。

京都の千寿万歳が姿を消したのは、一五九三年（文禄二）の暮れ、豊臣秀吉が尾張国（現愛知県）の荒地起こしのために、京都一〇九人、堺一〇人、大坂六人、奈良一六人の「陰陽師《おんみようじ》狩り」をおこない、尾張に派遣したためだとされている。これは、「京都の千寿万歳の芸態が、東海地方に直接伝播《でんぱ》するきっかけ」にもなったとされている（山路、一九九〇）。

大和の万歳たちは、「やしよめ〱京の町のやしよめといふこと有。これもやさめにて、優しきめといへるなり」（『閑田耕筆』）と囃《はや》しながら、古い千寿万歳の詞章を詠《うた》ってまわった。「やしよめ」とは「やさめ」ともいい、「艶《やさ》しき女《め》」という意味である。図3の太夫《たゆう》（舞手）と才蔵《さいぞう》（鼓《つづみ》手）の装束は、大和万歳では「太夫は侍《さむらい》烏帽子《えぼし》に萌木染《もえぎぞめ》木綿の素袍《すおう》

図3　江戸時代の万歳（葛飾北斎画）

（わたいれ）に、輪中に橘の記号を白く染出、腰辺藍色《あいいろ》の所に、経《へ》り二寸許《ばかり》の菊桐の記号あり、袴《はかま》同色同紋なり。各一刀を佩《おび》」、才蔵は定まっていなかった。藍木綿の長い嚢《ふくろ》を戸口にだして、米や銭を乞うていた（『守貞謾稿《もりさだまんこう》』）。

三河万歳もまた、「院内《いんない》」と呼ばれる声聞師《しょうもじ》（唱門師）が担っていたことは、柳田国男の指摘以来、有名である（柳田、一九一四）。しかし、三河万歳の起源を、秀吉の「陰陽師狩り」にもとめる意見には、地元の研究者は否定的である。高木正一は、「文禄三《ママ》年の陰陽師『狩り出し』と文禄四年にあったとされる土御門《つちみかど》久修の『流罪』には時期上の食い違いがあり、同時にはなかった」と指摘し、「土御門家流謫《るたく》伝承じたいが、一種の貴種流離譚」だとする。高木説は、京都からきた陰陽師が、三河の万歳を刺激したことはあっても、「三河万歳の主体」となった、とすることには否定的である（高木、一九八六）。

三河万歳の起源としては、西尾地域では、持統天皇が三河行幸のとき、高坂王の長男の吉良太夫が、天皇を万歳で祝した。また文武天皇が三河行幸のとき、庄司と吉良太夫の二人が、天皇の前で「寿命万歳」を舞ったといった、古代の天皇行幸に起源をおく伝説から、吉良太夫が、一三一八年（文保二）に、大和国から西尾町に移住した、という民間の文化交流を説くものまでさまざまであるが、吉良太夫を祖とする話が多い。

安城地域では、大江定基《おおえのさだもと》が三河国司のときにつくった、という話から、徳川家康が万歳のできる法師を「隠密《おんみつ》」に使った、という伝承まである。ここでは尾張熱田の玄海法師(実在は確認されていない)を祖とする話が多いし、尾張では無住国師が祖とされているが、主として為政者や僧侶がつくったことになっている。

西尾地域の森下万歳でみると、一七七六年(安永五)の「西尾郷村雑書」では、「一森下家数　三拾《じゅう》三軒　博士山伏　凡《およ》そ人数百四拾四人　内七拾五人男　六拾九人女　右之内壱軒さゝ羅《ら》人数五人」とある(西尾市史編纂委員会、一九八〇)。この「博士」というのは、万歳師のことであり、陰陽道博士からきている。「ささら」というのは、簓とも書き、田楽《でんがく》に用いた楽器で、竹製または木製の簡単なものであるが、それを打ち鳴らして音をだしている。この楽器を演奏する者を「ささら」というが、「ささら」は、一名を説経といい、三味線や流行歌などを取り入れ、在地の相撲・操り・歌舞伎などに参加する者も少なくなかった。

万歳と陰陽道

万歳が、公家土御門家の陰陽道《おんみようどう》の支配下にはいったのは、そう古いことではない。そもそも陰陽道の代表として安倍清明《あべのせいめい》の活躍が伝説化された背景には、平安末期から鎌倉期にかけて安倍家(陰陽道)と賀茂《かも》家(暦道《れきどう》)の職掌が分化されたさい、清明を陰陽道の祖としようとした安倍家の意図があったといわれている

（木場、一九九七）。清明の英雄譚が、「浅《あさ》井了意《いりょうい》によって集大成され、仮名草子『安倍清明物語』として刊行されたのが、江戸時代前期の寛文二年（一六六二）である」。「彼ら陰《おん》陽師《みょうじ》に関する説話・伝承は、中・近世を通じて拡大し、浸透していった」（梅田、二〇〇〇）。陰陽師清明の英雄伝説を広めていったのは、仮名草子や歌舞伎であり、説経節《せっきょうぶし》でもあった。

　三河万歳が、土御門家の支配を受けるようになったのは、一六八四年（貞享元）であった。この年は、若狭国（現福井県）遠敷《おにゅう》郡遠敷村の舞々《まいまい》太夫たちも、大半が土御門家の支配下となって、「舞々」を「陰陽師」と改めており（『若狭郡県史』）、全国の賤民的芸能者の多くが、土御門家の支配下に入っている。

　一七五九年（宝暦九）の「陰陽家勤職」という文書を見ると、卜占《ぼくせん》、祈禱《きとう》、地神経《じしんきょう》読み、かまど祓《ばら》い、土公祭、荒神祓《こうじんばら》い、暦配り、まじない、札配り、万歳、巫女《みこ》といった、中世の唱門師系の民間宗教者を陰陽師として組織している。ただ、「あずさ神子」は、死の穢《けが》れの問題もあって土御門家支配から排除されていたのではないか、という意見もある（木場ほか、一九八二）。

　土御門家の支配下に入った万歳は、その後、いちじるしく「陰陽道」色を強め、三河の

図4　幕府・土御門家の陰陽師支配

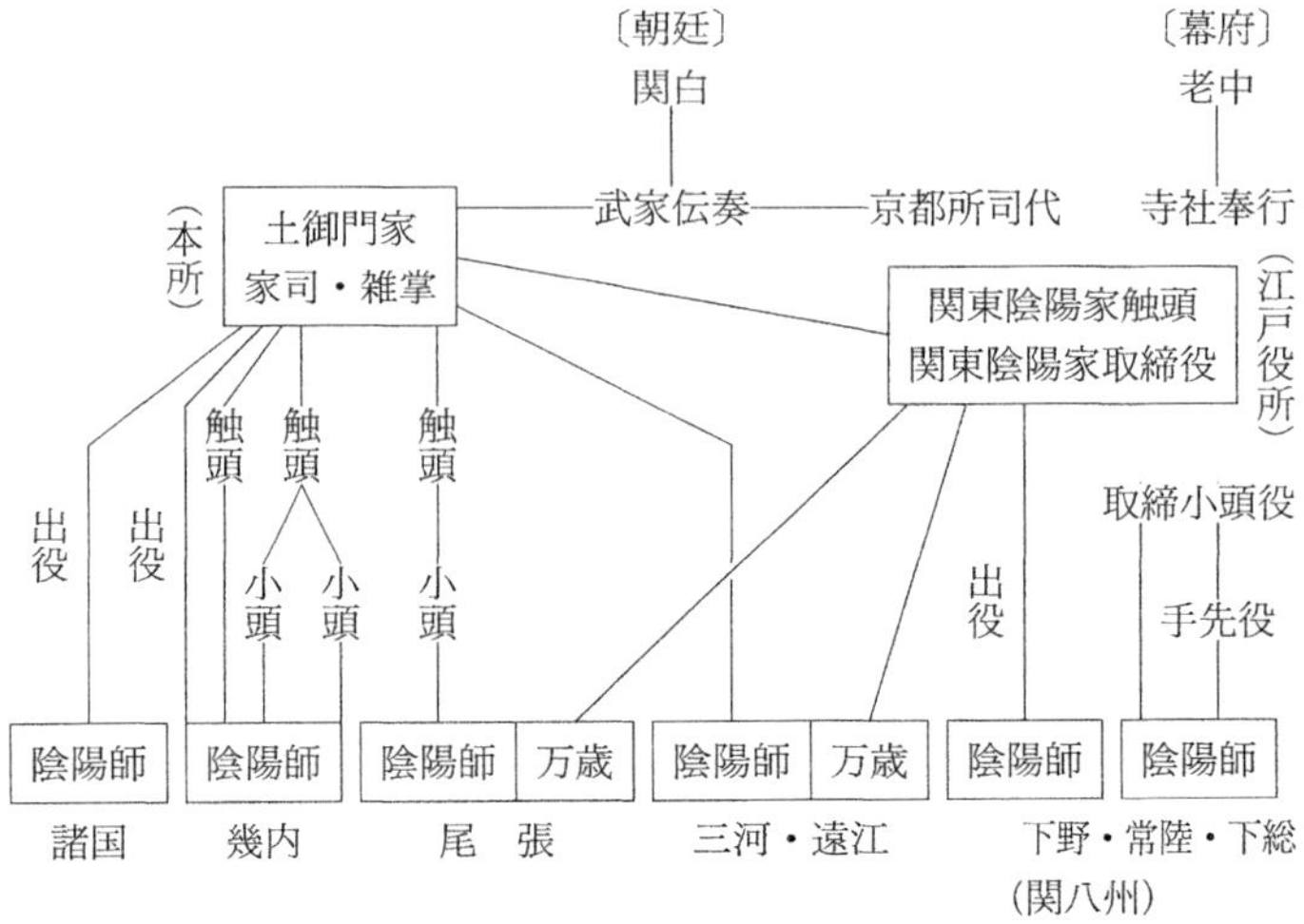

高埜利彦『近世日本の国家権力と宗教』より

森下村に現存する文書のなかには、「蟇目《ひきめ》相伝《そうでん》の巻」、「加持《かじ》祈禱《きとう》禁厭《きんえ》略式」、「まじない法」など、多くの陰陽道関係の文書がある。万歳師たちは、これらの文書で陰陽道を学び、各地の巡業先で万歳とともに、祈禱やお祓いをおこなったのである。

幕府の陰陽師支配は寺社支配よりもはるかに遅く、一七九一年（寛政三）に全国触《ぶれ》を発し、陰陽道を職業とする者は、土御門家より免許を受け、その下知《げち》を守ることを命じた。この陰陽師の組織化は、「陰陽師に対する賤視観からの脱却に作用したことは確かであろう」（高埜、一九八九）。

土御門家は、図4のように、京都の本所の下に触頭《ふれがしら》―小頭を置き、その支配に入る者と、江戸に江戸役所を持ち、その支配下に入る者との二種類の支配をしいた。三河万歳は後者にあたり、土御門家江戸役所から、陰陽道職をおこなう免許証として職札を得ていた。職札の書き替えは、当初三年に一度であったが、一八四六年（弘化三）以降は、七年に一度になっている。これは、書き替えのための手数料が、万歳師たちにとって重い負担になっていたからである（鈴木、一九九〇）。

三河万歳師と差別

三河の万歳師の村は、「旧森下村は上町の村外にありて全く慣習を異にし、他村のものとは全く交際せず」（『西尾町史』）といわれるような閉鎖性をもっていた。宝飯《ほい》郡小坂井《おさかい》村大字宿の中村は、通称「院内」といわれ、大《だい》神楽《かぐら》や万歳がおこなわれていた。同村の明治初年の調査でも、村内婚が圧倒的であり、他村との婚姻も巡業範囲と一致し、芸能村間での婚姻が一般的であった（熊谷、一九六〇）。

三河出身の民俗学者早川孝太郎は、恩師柳田国男の「毛坊主考」（一九一四年）を読んで、「耳馴れた地名」に関心を持ち、一九二〇年代に調査するが、東海道の蒲郡駅から西に一里半（約六㌔）離れた宝飯郡形原《かたのはら》村の戸金《とがね》という村を訪ねる途中、田んぼで働く女性に道を聞くと、「はあ、あのハカセの村か?」と言われて、驚いている。陰陽道での「ハカセ」とか「ハカセ衆」という言葉が、生きていたのである。

また院内村は、三河では「万歳よりは神楽の方が通って」いた。早川は、「かくまで万歳の忘れられた原因は、由来《ゆらい》院内の住民が、近隣の部落から特別の扱いを受けていたことにもよる」と、その差別の根深さに驚嘆している(早川、一九二九)。

江戸時代にも、三河碧海《あおみ》郡西別所村の万歳師池田佐内が、一七五〇年(寛延三)正月、賀茂郡羽明村の名主喜右衛門宅に万歳祝言に行ったが、名主の門前で村の非人番宇太八という人物に妨害されている。宇太八の言うのには、「佐内は、我ら方へ届け出なく、村で万歳を勤めているのは、けしからん」というものであった。これに対して、佐内は「我らが代々百余年、当村で万歳を勤めているが、いままでその方どもに届けがいるなどという話は、聞いたことがない。当春に限って改められるというのは、もしや村方から申し付けられたのではないか。そうでなければ、名主喜右衛門殿は我ら数代の檀家である」と職札を見せるが、非人番は「万歳は我らの手下であって、無届けの勤めは許さない」と、万歳師佐内を殴って傷を負わせている。

佐内たちは、この事件を土御門家の関東触頭《ふれがしら》菊川権頭《ごんのかみ》を通じて、江戸寺社奉行月番《つきばん》の井上河内守に訴えでた。結局、三奉行所の御裏書《おうらがき》が下され、非人番宇太八は、江戸の非人頭車善七方に手錠をかけられお預けとなり、名主喜右衛門もお叱りを受けた。万歳師たちの全面的な勝訴である。

このほかにも、一七九八年（寛政一〇）に、三河の幡豆《はず》郡鳥羽村の万歳師鈴木佐左衛門が、伯母の娘を同郡萩原村の百姓長左衛門へ嫁入りさせたとき、この村の非人番団平から、「陰陽家は至って筋目違いの者なので、御百姓家と縁組みするのなら、我らに足洗い金として七両二分を差し出せ」と脅かされている。そこで、名主の平蔵が、額田《ぬかだ》郡土呂村にいた非人頭の元吉らに取りなしを頼んだが、元吉らは、非人方には「廿八ヵ条の書き物があり、陰陽師は手下だ」と言って譲らなかった。

この事件も、万歳師たちの勝訴になるが、非人番たちが「陰陽師は手下だ」とする根拠は、「廿八ヵ条の書き物」にある。これは、江戸のえた頭弾左衛門家に伝わる、「源頼朝の判物《はんもつ》」、俗に「河原巻物」と呼ばれる偽書である。間瀬久美子の整理によると、各地に残る二一の「河原巻物」のなかには、弾左衛門支配二八座のなかに、陰陽師を含めているものが一七あり、非人や猿まわしとともに、万歳師＝陰陽師も弾左衛門の支配にあると主張していた（間瀬、一九八〇）。これが、各地の非人番たちが、「陰陽師は手下だ」と主張する根拠にもなっていた。この非人番の支配を逃れるためにも、各地の万歳師たちは土御門家の支配にすすんで入っていった。

このようにえたの支配から逃れ脱賤化することが、同時に土御門家という新しい〝権威〟に組み込まれる途でもあった。

西宮の傀儡

猿まわしや万歳以外に、京都の正月をいろどったものに、西宮の傀儡《くぐつ》がいる。摂津（現兵庫県）西宮神社の北、西宮市産所《さんじょ》町には、傀儡師が住んでいた。西宮神社の散所に住み、同社を本所として仰いでいた西宮の傀儡師は、エビス神を謡い、エビス神を宣伝する夷昇《えびすかき》や夷舞わしなどになって全国を遊行し、一六世紀の終わりには、京都の御所へも参内して公卿見物の席でその芸能を披露した（『御湯殿上日記《おゆどののうえのにっき》』『時慶卿記《ときよしきようき》』）。江戸時代には、夷昇は江戸の町々をまわり、西宮傀儡の名を全国に知らしめていた（滝川、一九六五）。

山路興造は、「西宮の下級宗教者（神人《じにん》）の場合は、祝福芸能者としては、夷の人形を遣って各戸を訪れるのが基本であったはずであるが、夷の人形による祝福芸は、季節的・場所的に制約が多く、京都などの街中では、専《もっぱ》ら『首掛け箱人形』を遣うのが得策であったのではないだろうか。もちろん恵美寿神の信仰が盛んな海浜の集落などでは、大型の夷人形が、鯛を釣りあげる予祝芸《よしゆくげい》が喜ばれたのは当然である」としている（山路、一九九六）。

江戸時代の西宮傀儡師のことは、江戸時代の随筆に多く見られるが、特に重要なのは、浜松歌国の『摂陽奇観《せつようきかん》』巻二の次の記事である。

西宮の北に山上村《さんじようむら》といふあり。ここに百太夫《ひやくだゆう》の末孫笠井氏なるもの、家数六軒にして、枝葉数家に分れども、株は六軒の外に増ることなし。往古は西宮の民家の婦女こゝへ来りて平産をなす所ゆえ、産所と唱えしが、今はその事も絶て、地名も山上と文字を改む。百太夫の宮へ産まれ子を参詣させるも、産所の忌明《いみあけ》のならいか。平人笠井氏を厭《いと》いて、縁組をなさずとぞ。

この「産所」については、本居内遠《もとおりうちとお》が、『賤者考』のなかで、「サンジョと唱うる所ありて、大抵忌む所夙《しゆく》におなじ云々」と、宿《しゆく》には「陰陽師《おんみようじ》・巫女《みこ》など移り住みしなるべし」と語っている。『摂陽奇観』の記事からも、西宮の傀儡師が、平民との通婚を拒絶されていたことがわかる。

彼らが信仰していた「百太夫」というのは、喜多村信節の『画証録《がしようろく》』によると、「百太夫は、おのれ文政八年の春、津の国西宮にもうでしに（この時開帳ありて賑わしかりき）、御本社に向いて左のかた半町余り奥に小さき祠ありて戸びら開きたり。その内にいと古き雛のようなる人形あり。冠衣に座する形面は新たに紅白粉をきたなけに塗たり。これ百太夫の神像なり」と記している。この百太夫人形は、『摂陽落穂集』によると、

西の宮恵美寿の北に小宮あり、内に納める像は、三歳計《ばかり》なる小児の座したる人形なり。これ神にあらず。毎年正月白粉をもって厚さ三四分ばかり顔にぬりおくなり。この辺にその年生れたる小児宮参の時、この人形の顔を撫でて、その白粉を小児の顔にぬるなり。これほうそう悪病を除くという。又曰《いわ》くこれ日本人形の初めなりとて、この人形あるをもって西宮に笠井氏という人形芝居の株あり。浪華人形芝居の株も、ここより得たるか。浄瑠璃かたるもの皆百太夫と名を付るは、この人形百太夫と称するその由縁《ゆえん》なるべし。

と書かれている。百太夫人形は、疱瘡《ほうそう》除《よ》けの人形として信仰をあつめるとともに、西宮の道薫という人物が、淡路に人形操りを伝えたとか、大坂の人形浄瑠璃の祖になった、という伝説も生まれている（吉井、一九一九）。

一八世紀の初頭には、かなりの隆盛を誇った西宮の人形座も、その後衰退し、一八一六年（文化一三）三月、産所村の吉田吉次郎・小六の寄進による人形芝居が催され、その上

がりを百太夫社に納めた、という記録を最後に消息を絶った。産所村も人家が少なくなり、明治維新前後に一戸もなくなった。

明治維新の前後には、西宮の与古道《よこみち》筋に、「産所の人形座の流れをく」む吉田吉五郎、芸名を吉田伝吉という人形遣いがいた。彼は十数人で一座を組織し、俗に人形吉《にんぎようきち》として知られていたが、人形吉の芸は、大坂の文楽座や、淡路の人形遣いなどからも尊敬されていたという。このほかに、一八一〇年代に産所村から西宮町内に移転した今在家《いまざいけ》の小屋や、札場筋《ふだばすじ》の御輿《おこしゃ》屋前の小屋、あるいは仕立筋《したてすじ》の仕立座などで、ときどき人形芝居がおこなわれていたが、いまはすべて途絶えている（鷲尾、一九二九）。

鳥追いと非人

本節の最後に、鳥追いについても言及しておきたい。そもそもの鳥追いとは、すでに一四世紀の中ごろの三河では、長者の田畑の鳥追いをするだけで妻子を養い、正月に長者を祝福する歌をうたい、年頭の挨拶をしている人びとがいたと伝えられている（『本朝世事談綺《ほんちようせじだんき》』）。「さんせう太夫」の説話などにも見られるように、鳥追いは農村での実際の農作業に起源をもつものであった。

ところが、一六二三年（元和九）の序のある安楽庵策伝《あんらくあんさくでん》の『醒睡笑《せいすいしよう》』巻一には、「春の始めの朝より、千秋万歳《せんずまんざい》とも、又鳥追ともいうかや、家毎にありきて慶賀をうたうに、千町万町の鳥追が参った」と、千寿万歳《せんず》が鳥追いの歌をうたっていたとある。

また、一六八四年（貞享元）の序のある黒川道祐《どうゆう》の『雍州府志《ようしゅうふし》』巻八、京都の「悲田寺の条」には、一二月二五日には、笠をかぶり赤い覆面をして、四人とか六人で家庭に踊り込んで、節季候《せきぞろ》を唱えたり、元日から一五日にかけて、笠《かさ》をかぶり、白頭巾《ずきん》で顔を覆い、手をたたいて祝い事を唱え、門戸の前にたって米銭を乞う、敲《たた》きの与次郎、または鳥追いの姿が書かれている。与次郎は、乞食の頭であり、常には草履をつくって、売っていたともある。これから数年後の一六九〇年（元禄三）刊行の『人倫訓蒙図彙《じんりんきんもうずい》』にも、編笠姿の二人の男が、「口はやなる事を」言い手に棒を持っている絵があり、頭註には「鳥追」と記されている。「たたき」というのは、ひとつの芸能でもあったと考えられる。

これに対して、一七〇〇年代ごろ、京都の浮世絵師西川祐信《すけのぶ》が描いた鳥追いは、編笠をかぶった二人の女性が三味線をひき、これにあわせて一人の男が棒の先に毛のついた毛槍のようなものを持って踊っている姿がある（『絵本東童』）。

ただ、一七八〇年（安永九）の序のある上州《じょうしゅう》（現群馬県）高崎の様子を書いた川野辺寛の『閭里《りより》歳時記』には、「鳥追とて非人共、家々の門にゆき、団扇太鼓《うちわだいこ》を撃て祝詞《のりと》をうたう事あり。始めに必ず、『せんでう屋まんでうの鳥追がまいりました』と唱うるなり。田畠千町万町の鳥を逐《お》う意なりとかや」と語っている。ここでも非人が鳥追い行事を担当し、「当地のみにあらず、畿内にもある事なるよし」ともしている。

一八〇六年（文化三）版の『諸国図絵年中行事大成』の正月雑事の条には、編笠をかぶった少女が、祝詞をうたい田圃の鳥を逐う声をまねていたと書かれている。「その曲章辞《ふしことば》等古雅のものなり」というから、まだ農村での実際の鳥追いの姿が、演じられていたかもしれない。

しかし、江戸時代の末期になると、尾張藩士、高力猿猴庵《こうりきえんこうあん》の『文政日記大略』によると、「文政四年正月、今年初めて鳥追に三味線・胡弓《こきゅう》を入れてうたう事はやりて、女鳥追多し」と、図5の石川豊信《とよのぶ》が描いたような鳥追いの姿が定着する。ただ、この絵は歌舞伎の尾上菊五郎と中村喜三郎の鳥追い姿を描いたものであるが、このように歌舞伎でも女鳥追いが登場し、河竹黙阿弥《かわたけもくあみ》作の『夢結蝶鳥追《ゆめむすびちょうとりおい》』などが上演されるようになる。

黙阿弥の芝居が、身分違いの悲恋を描いたように、「鳥追は非人の女房娘」であった（『嬉遊笑覧《きゆうしょうらん》』）。『守貞謾稿』（一八五三年）によると、江戸の正月の鳥追いには、「当町の非人小屋より来る者一人十二銭紙包を与え、他は一銭を与う」とある。阿波国（現徳島県）でも、「非人の女」（『阿波国風俗問状答』）とあるが、陸奥国《むつのくに》（現宮城県）の『陸奥国白

図5　鳥追い図（石川豊信画）

川領風俗問状答』では、「江戸のごとく婦人の乞食にはこれなく、男女打ち交わりまわり申候《もうしそうろう》」としている。しかし「もっとも乞食のものなり」として、「乞食」とは言っている（中村、一九八五）。

菅原憲二は、江戸時代の京都の鳥追いが、「敲《たた》きの与次郎」から女性に転換することを、乞食頭の与次郎の下級警察機能が拡大していくことによって、遊芸集団としての機能が低下したのではないかとして、京都や江戸で鳥追いが、非人の女房や娘に変わっていく理由を説得的に解明している。ただ、陸奥国のように、「男女打ち交わり」ての鳥追いも存在する。なお与次郎は、個人の名称というよりも、乞食頭の総称であって、したがって一八世紀初頭の京都には、三一六人の与次郎がいた。また因幡《いなば》（現鳥取県）・丹波（現京都府）など、各地に与次郎が存在していた（菅原、一九七七）。

見世物と大道芸

見世物小屋への回想

戯作者《げさくしゃ》で、滑稽《こっけい》新聞『団々珍聞《まるまるちんぶん》』の編集者でもあった、鶯亭金升《おうていきんしょう》は、一八六八年（慶応四）三月一六日、下総国《しもうさのくに》（現千葉県）八木谷《やきがや》村に生まれた。東京の根岸で育ち、「明治の面影の語り手」といわれた金升は、少年時代の浅草公園「六区が田圃で奥山に見世物が多くあった時代」の思い出を、次のように語っている。

楊弓場《ようきゆうば》、投扇興《とうせんきよう》、抹茶席《まっちゃせき》、撃剣、曲独楽《きよくごま》、手品などの外に大きい小屋は活《いき》人形、軽業《かるわざ》、手踊りなどだが、折々珍しいものが出た。

今も眼に残っているのは、瀬戸物細工の人形だ。大蛇丸《おろちまる》、児雷也《じらいや》、綱手《つなで》、三すくみの人形を乗せたる大蛇と蝦蟇《がま》と蛞蝓《なめくじ》を陶器一式で作ったのは大したものであった。また一時流行したのは凄《すご》い怪談物の人形であった。先《ま》ず「招ぎ」と言って入り口に造ってあるのは土左衛門《どざえもん》であった。水上に色青ざめ、水で膨《ふく》れた死体が浮いている。それを一羽の鳥が腹に乗って腸をたべている。

金升にとっても、見世物といえば、活（生）人形が強烈な思い出としてよみがえっている。しかし、「昔は人を馬鹿にした見世物が多くあった」として、「板に紅を流したのを飾って『サア大《おお》イタチだ大イタチだ』と言うので鼬《いたち》かと思って入って見れば板血であった」といった、落語のような話が実際にあった。これにだまされて喜んでいる「見物もノンキなもの」であった（鶯亭、一九五三）。

しかも、阿久根巌の研究によると、一八七一年一月には、招魂社《しょうこんしゃ》（靖国神社）では、サーカスが上演されている（阿久根、一九七七）。坪内祐三が言うように、靖国神社の祭礼サーカスを描いた文学作品としては、川端康成の『招魂祭一景』（一九二一年）、吉行淳之介『祭礼の日』（一九五三年）など何編かがある（坪内、一九九九）。このほかにも靖国神社を描いたものは多いが、なかでも興味深いのは、円地《えんち》文子の『朱《あけ》を奪うもの』という作品である（円地、一九五六）。作品の主人公室像《むろかた》滋子は、次のように語っている。

靖国神社のことを祖母や父は招魂社と呼んでいた。日露戦争からまだ十年とたたないころのことで初夏と秋の祭礼の時になると、青銅の大鳥居のあたりから境内の両側は見世物小屋が一ぱいになった。（中略）どぎつい泥絵具でけばけばしく塗りたてた看板絵には、白い細布のようにくねくねうねった首のさきに島田髷《しまだまげ》の娘の顔が笑ってい、胴は三味線を抱いているろくろ首や、身体に黄金の鱗が生えた人魚の髪のふり乱れたのや、いくつもの蛇を身体に巻きつけている蛇使いの女の絵などが描いてあって、その下で異様につぶれた声の客引きが拍子木を敲き敲き因果物の口上を述べたてていた。

と、靖国境内の様子を描写している。そして、「祖母は滋子の手をひいて強い足さばきで歩きながら」「皆、嘘なんだよ」と言ったが、「滋子の子供の頭は祖母の解説するほど、人魚やろくろ首の非現実性を認めてはいなかった。何故と言えば、母親のない滋子は毎朝眼がさめると隣の祖母の床の中へもぐり込んで祖母からさまざまな話をきくのを楽しんでいたからだ。祖母の話は江戸時代の稗史《はいし》小説や芝居の筋が多かったが、それと同じくらいに滋子を昂奮させたり恐怖させたりしたのは、祖母の若いころ育った江戸の町に市民の間でまざまざと語られていた怪談であった」。本所や番町の七不思議の話、狸や狐の化けた話といった、「民話《フオークロア》」と「ろくろ首や人魚の見世物と縁のないものではない」、とこの少女は感じていた。

見世物と「異形」

見世物研究の新しい水準を示す、川添裕の労作『江戸の見世物』では、「『見世物』といえば、かに男、狼女、蜘蛛男、蛸娘、牛男……」と考えがちだが、「それは近世後期の江戸における見世物全体のなかでいうと、実際には一部であり、興行の中心的存在ではなかった」として、見世物絵を使った統計的分析をおこなっている。そして、「江戸庶民みなが共通して楽しんでいた見世物とは、第一に細工《さいく》見世物、そして種々の曲芸や舶来物の見世物である」という結論を引き出している（川添、二〇〇〇）。

確かに松本喜三郎らの活人形の水準の高さは驚くべきものであり、現在のイギリスのマダム・タッソー蠟《ろう》人形館にも匹敵するものである。だが川添は、障害者の見世物や香具師《やし》の役割などを低く評価するために、あまりにも明るい見世物論になっている。

身体に障害のある者が見世物に使われることは、現在でも見られる現象である。早くは、一六〇八年（慶長一三）春、京都において、五、六歳に見える者が「小人島の者」として見世物にだされるといった（『当代記』）、「小人」の例が見られる。「異形《いぎょう》」というだけで、見世物の対象となったのである。

寛文十二年（一六七二）の春、大坂道頓堀に、異形の人を見す。その貌醜き事たとうべきものなし。頭するどく尖《とがり》、眼まん丸にあかく、頤《おとがい》（あご）猿《さる》のごとし。荘子のいうところの支離疏《しりそ》が類にぞありける。京師東武におよび、芝居をたてゝ諸人に見せける。

この人物は、「鄙萎《べらぼう》」と呼ばれていたようである（『本朝世事談綺』）。また、延宝六年（一六七八）に泉州堺の夷島《えびすじま》に、面三つ手足六つある赤子捨置たりしを、大坂道頓堀観場師諸人に見せ侍《はべ》りし、かかる異形の者、いにしえも折には有しとかや、今年百七十三年になる道頓堀の見世物は思えば古き物にあらずや。

とある（『皇都午睡《みやこのひるね》』）。この「面三つ手足六つ」の赤子は、香具師の手によって、大坂道頓堀の見世物になっている。

しかし、江戸時代の民衆の「異形」者観には、一七七二年（安永元）、青森の「西浜風合瀬《かもうせ》村、蹇《いざり》の廃疾《かたわ》者これあり、右の者霊夢《ごうそう》これあるよしにて、禁厭《まじない》上手のよし、槖《つわき》の葉え府を書き、卜点《うらかた》も端的《ありまさ》のよし、甚だ時折愚民これを信仰し、外ケ浜辺の者迄も行けるが、いつとなく止む」（『平山日記』）といった記録のように、障害を「聖痕」としてとらえる見方もあった。そこには盲人などを、特異な能力をもつ者として、畏《おそ》れる心性があった。

「福助人形」がよい例で、一八〇四年（文化元）の江戸と、二三年の名古屋で、頭の大きい男女が、「福助」として見世物にでている（『文政日記大略』）。

また、レスリ・フィードラーの言うように、「あらゆるフリークは、程度の差こそあれ、いずれもエロティックなものとして受け止められている。実際、異常性《アブノーマリティ》は一部の『ノーマルな』人間のうちに、この究極の他者をただ眺めるだけではなく全的な肉体感覚において『知りたい』という誘惑をひきおこすのである」（フィードラー、一九七八）。その代表的な例に、両性具有の問題がある。

一七三八年（元文三）四月一七日、江戸の南堀一丁目の九郎右衛門店《だな》加兵衛は、「南品川竹町安兵衛門方より、はやと申す男女の形これあり候かたわ女」を貰い受け見世物にしたいと願い出るが、不許可になった。しかし、加兵衛はあきらめきれずに、この娘を堺町で見世物にだすが、「不埒《ふらち》に付き過料」を申し付けられた（『元文《げんぶん》世説雑録』）。このように両性具有者を見世物にする例がある。見世物とエロスというのは、密接な関連をもっている。

このような両性具有（「半月《ふたなり》」）の話は、江戸時代の随筆には多い。一七九八年（寛政一〇）、尾張国（現愛知県）愛智郡米津村の百姓喜右衛門の娘そのは、「四月の初旬の頃より、頻《しき》りに陰門が痛み、日を経るにつれて張り出してきたが、女の事ゆえ深く裹《つつ》み隠して、人にも語らずにいた。然《しか》るに、五月に至り、陰門が次第に変じて、陽根・睾丸ともに備わる身となったので、そのよしを両親に打ち明けた。親たちは大いに驚き医者を呼んで診《み》てもらったが、全く変化男子《へんじようなんし》という事に相違なしと聞き、則《すなわ》ち名を改めて久七郎と名付けた」。このような人物を、「変化男子」と呼んでいる。

エロスへのまなざし

随筆の作者は、「世の中が乱れて民の手足を置く所もなき時節なれば、かかる異変もあろうが、今や聖化（幕政の徳—引用者）普《あま》ねく四海に溢れ、人々が各々の業《わざ》をたのしむ折柄、斯様《かよう》の事のあろう筈はない」と、嘆いている（『梅翁《ばいおう》随筆』）。「異形」の人がでるのは、世の中が乱れる、というのは中国に古くからある思想で、中国の俗書『閨房易妖《けいぼうえきよう》』などにも書かれて普及した、陰陽道の思想である。

従来、「変化男子」は、男子だけが極楽浄土に行けるという男尊女卑の思想だと言われているが、「変化女子《によし》」の事例も存在する。根岸鎮衛《やすもり》の『耳嚢《みみぶくろ》』によると、「下総《しもうさ》国（現千葉県）印旛《いんば》郡大和田村の喜之助と申す者、廿歳《はたち》の時に男根変じて女根（女陰）となりし事」を聞いているし、旗本の由田《ゆた》与十郎が使う中小姓は、「廿五歳にて女子に変じ、程なく子を持ったという。これらは最初、陰所が甚《はなは》だ痒《かゆ》く、終《つい》には男根が萎《しぼ》み落ちて女根となったよし」という話を記録している。

滝沢馬琴が『兎園《とえん》小説余録』のなかで書いている「偽男子」の話は有名だが、馬琴はこれを「半月《ふたなり》」として理解している。だが、「半月」については次のように書いている。

半月は上の半月間《はんつきかん》は男体《なんたい》にて、下の半月間は女体《にょたい》の者もある。また陰門と男根と両《ふた》つながら具える者もある。その男根は陰門に隠れており、事を行う時に発起（勃起）するのは禽獣の陽物のごとしという説もある。我旧宅近辺の商人の独子《ひとりご》は半月であった。その者が幼少の折り、母親に連れられて銭湯に浴するのを、荊妻《けいさい》（自分の妻）などは折々に見たという。その話に拠れば、陰門の中に男根があり、廷孔のほとりに亀頭が少しばかり垂れて、恰《あたか》も茄子《なすび》というもののごとくである。

この少年は、「七八歳までは女子《にょし》のように装っていたが、十歳以上になってから、名をも男名に改め、装いも男に改めた」という。馬琴ほどの大知識人でさえ、月の半分ずつを男女入れ替わって暮らしている人間がいると信じていたのである。しかも、歌舞伎や男《なん》色《しょく》の世界では両性具有的な美がもとめられ、「異端と呼ばれる土俗信仰を継承している新興宗教の中では両性具有、あるいは変性男子というような日月合体の発想は聖なるものとして生き続けてい」た（秋田、一九九九）。

もちろん見世物の世界では、エロスは中心的な位置をしめている。たとえば『筠庭《いんてい》雑考』では、「足芸」について次のように書いている。

慶長頃（一五九六〜一六一五）の古屏風に、京都四条河原の観せ物ども多くかきたる中に、足にて種々のわざする女のみせ物あり。その頃これらのみせ物は、やねなどもかけず、地の上に毛氈《もうせん》を敷て、女の居処とし、その外はむしろを敷けり。小童一人居りて、女のするわざの小道具取りかへなど、そば遣いする者なり。

彼女は、「弓を射、太鼓を打つ」などの技をするが、「この頃の足芸は、袴などは著ず、よの常のさまにて身幅の広き服の仕立なり。その衣服のまえを掻きあわせなどするも、一しおの趣なり」として、人々の関心が足の奥にあったことを記録している。

しかし、もっとも露骨なのは、江戸時代の終わりころの東両国で流行った「ヤレ突けそれ突け」である。幕末生まれの明治の文人淡島寒月《あわしまかんげつ》は、『梵雲庵雑話《ぼんうんあんざつわ》』のなかで、図6の「ヤレ突けそれ突け」を次のように回想している（淡島、一九三三）。

図6　ヤレ突けそれ突け

東両国の橋袂《はしだもと》には「蛇使」か「ヤレ突けそれ突け」があった。（中略）「ヤレ突けそれ突け」というのは、――この時代の事ですから、今から考えると随分思い切った乱暴で猥雑《わいざつ》なものですが――小屋の表には後姿の女が裲襠《しかけ》を着て、背を見せている。木戸《きど》番《ばん》は声を限りに木戸札を叩いて「ヤレ突けそれ突け八文じゃあ安いもんじゃ」と怒鳴っている。八文払って入って見ると、看板の裲襠を着けている女が腰をかけている、その傍《かたわら》には三尺ばかりの竹の棒の先《さ》きが桃色の絹で包んであるのがある。「ヤレ突けそれ突け」というのは、その突けというのです。乱暴なものだ。

この「ヤレ突け」が東両国で盛んだったのは、橋ひとつ隔てて江戸ではなく下総国であった、ということも大きいが、いずれにせよ両国という江戸の周縁の地が、盛り場として発展していることは興味深い。

木下直之によると、裸体人形はもちろん、松本喜三郎の「久米仙人と布洗い女」を描いた活人形でさえ、久米仙人は「布洗い女の股間を凝視して」いたのではないかと推論する。また、「母親の胎内で子供が成長してゆく過程」は、「胎内《たいない》十月《とつき》あるいは、胎内十月変化《へんげ》として、早くから見世物になった」（木下、一九九三）。

このような民衆の貪欲《どんよく》な好奇心は、さまざまな見世物を生んだ。ミハイール・バフチーン流の言い方をすれば、「グロテスク・リアリズム」や肉体主義が最高度に発達するのが、幕末・維新期といえるかもしれない。

葭簀張りの大道芸

江戸時代には、図7のような大道芸が路上で見られた。ここでは、人形遣いたちの姿がよく描かれているが、馬の形のものを体につけて、ぐるぐる廻るのを、八角の眼鏡を通して見せるのを「ほにほに」と呼んでいる。子供たちは、喜んで見たものである。

森銑三《せんぞう》は、一九二七年ごろ、松岡於菟衛《おとえ》翁から幕末・明治初年の大道芸の話を聞いているが、その聞き書きによると、「当時は芸人にも階級がありましたので、大道芸はどこまでも大道芸で、寄席には出られませんでした」という。彼らが寄席に出るようになったのは、「明治七、八年頃」だったとする。

江戸神田の筋違《すじかい》（現在の万世橋《まんせいばし》）には、「かっぽれ住吉の一座が」いて、「およそ十二、三人の連中が」、「かっぽれやら、茶番やら、その外の滑稽やらを演じて」いた。初丸という人物が人気があって、「初丸がただ一人きり坊主頭で、外の者は髪を伸ばしていました。初丸はかっぽれ以外に阿呆陀羅経《あほだらきょう》もしました」。このころ、後年、「かっぽれ」で有名になる豊年斎梅坊主は「まだ少年で」、「筋違の土手下に出て阿呆陀羅経をやって、飴《あめ》を売って

図7　江戸時代の大道芸（雪山画）

いました」。

「大道といっても露天ではないので、葭簀《よしず》が張ってあって天井も葭簀で出来て居ます。その中で講釈や、でろれん祭文《さいもん》や、浮かれ節などをやっているのです。葭簀の中にはこの外に鮨《すし》屋や、おでん屋などありました。勝手にはいって行って、聴きたいものを聴き、食いたい物を食うようになっていたのでした」。

筋違では、浮かれ節の駒吉、物まねの猫八、独特の風刺を言う「はけ長」などがスターであった。一方、浅草には、でろれん祭文《さいもん》の歌右衛門や独楽《こま》の松井源水、手品の蠟燭《ろうそく》屋がいた。「大道講釈というのは、日本橋の大通りや茅場町あたりの蔵の前など、店の邪魔にならないところでやっていた」。「筋違と両国とにはちょぼくれも二、三人くらいいました」。

このほかに、歯力といって、「直径五尺余もある大桶を歯で銜《くわ》えて前後に揺すり上るので、それだけでも大変ですが、その上にまた子供が上って行って芸をする」者や、砂文字、独相撲《ひとりずもう》、棒呑み、名所絵かき、刷毛《はけ》絵、からくり、「紅勘」（小間物屋紅勘の息子）といって、「体中に太鼓やら、三味線やら、七輪の底の金など一杯につけ、顔には百面相の目かずらを附け、歌をうたい、踊り興じて、一人で芸をする」人たちが、有名であった（森、一九三三)。

三田村鳶魚《みたむらえんぎょ》によると、「日傘の付いた梵天《ぼんてん》を持った住吉踊りは古くとも、かっぽれは新しいものである。浅草公園で知られた梅坊主の兄の平坊主《へいぼうず》から始まったのだ。多分文久頃(一八六一〜三年)からのものであろう。かれは多分真個の大道芸人で、葭簀張りの下へもはいったものではなかった」という(三田村、一九二二)。このかっぽれの梅坊主こそ、芝新網町に住んでいた願人坊主《がんにんぼうず》であった。

江戸の願人坊主

願人坊主については、中尾健次や吉田伸之らの研究があるが、ここでは、主として吉田の研究によりながら、その姿をみていきたい。一八四二年(天保一三)一一月、江戸の寺社奉行阿部正弘は、次のような「願人取締」を命じている。

「願人どもは、近年猥《みだら》になり、連れだって市中その他を踊り歩き、三衣《さんね》は着せずに頭を包み、または裸で家々の門口に立ち、施しを強制し、そのうえ『嫎奔戯謔《ようほんぎぎゃく》』を唱える。あるいは判じものの札を配り、女性や子供の興味を引くことのみを心がけ、銭を貰い受けているのは、仏門にはあるまじきことである。そのために、惰弱で放蕩で働くことを嫌う者が大勢弟子になって、乞胸《ごうむね》や非人などと変わらなくなってしまっているのは、もっての外のことである。殊に半田稲荷の勧進や住吉祭りの際には、最近の習性で全く僧侶の体を失ってしまっている。

新しい願人でも、このようなおこないは許されない。たとえ貧乏ではあっても、輪袈裟《わげさ》ばかりか、時には裸にて勧進をするというのは、僧の形に背くことである。水行その他の修行をし、頭を包まず三衣を着て、仏道を唱え、乞胸・非人に間違われぬように、忘れずに鑑札を所持して、仏法のもとに質朴な修行をすべきである。また習慣で六十六部、廻国巡礼、千ヶ寺廻りなどの巡礼を宿に泊めているように聞くが、このようなことはあり得ないことである。すでに奉行所が尋問しようとした者は、隠れてしまったために、取り締まれていないが、以後はよそ者は決して泊めてはならない」(『大日本近世史料・市中取締類集』一六巻)。

ここからは、市中を群れをなして裸で歩きまわり、猥褻《わいせつ》な歌や謎解きを女性や子供に強要し、悪ねだりをしている半僧半俗の集団が浮かんでくる。乞胸《ごうむね》や非人との区別がつかないが、「鑑札」を所持しており、六十六部や廻国の巡礼を、彼らの「ぐれ宿」に泊めているのも、取り締りの理由になっている。

願人というのは、勧進が転化したものとされているが(『鞍馬寺史』)、京都の鞍馬寺と願人との関係は、「願人の名目の儀は、源義経公奥州《おうしゅう》下向の節、拙寺坊主の内、兵法虎の巻伝授仕り候者」、「御供仕り候砌《みぎり》」、「坊人が願人」と名のったと、源義経伝説にまでさかのぼっている。「坊人」とは、諸国を徘徊し、「加持祈禱《かじきとう》」をおこない、「札守秘符を勧め」る「俗法師」のことである（『祠曹《しそう》雑識』）。そのなかでも、鞍馬寺大蔵院に所属する人たちだけを「願人」と呼んだ。

旧来は大蔵院のみを本寺としていたが、一六九〇年（元禄三）から円光院も本寺に加わった。一八世紀中ごろには、願人組織は江戸・大坂・駿府《すんぷ》（現静岡県）・甲府（現山梨県）などに存在したが、このうち大坂は大蔵院系だけであった。また江戸の願人は、慶長（一五九六〜一六一四）以来、触頭《ふれがしら》を置いて関八州の願人支配にあたらせていたが、一八世紀の中ごろには、江戸のみとなった。

一六五八年（万治元）の江戸の町触では、「出家・山伏・行人・願人」は、本寺と保証人のない場合は「宿借り」を禁止している。たとえ「宿借り」ができても、表店《おもてだな》は禁止で裏店《うらだな》だけが可能だが、その場合でも「寺構《てらがまえ》」の修行やよそ者を泊めてはならない、という厳しい制限つきのものであった。もちろん、表店での「題目講・念仏講」は一切禁止されていた（『正宝事録《しょうほうじろく》』）。彼らは、裏店に居住し、生業は念仏題目を唱えて方々をまわり、あるいは在家を借りて仏壇を構えざるを得ない、吉田の言葉を借りれば、「振売《ふりう》りの宗教者」であった。

しかし、頭《かしら》を中心とする願人の仲間は、遅くとも一七世紀には形成されており、本寺の大蔵院は、末寺である江戸の願人＝役人に対しては、判物《はんもつ》を交付することによって、その身分を保証し、毎年祈禱札などを与えて、その地位を証明した。一方、願人たちは、本寺に礼銭を上納してその〝役《やく》〟を果たした。願人の仲間は、触頭《ふれがしら》―代役―組頭―組頭格―見習―五人組―年寄役という七つの段階があった。

大蔵院の下には、二名の触頭と一〇名ほどの組頭中を含めた一〇〇人ほどの願人の共同組織があった。願人たちは、「妻帯いたし、子孫又は弟子の内にて附弟を取り立て、相続いたし」(『御仕置例類集』一一)とあり、吉田は願人が「イエ」を形成していたと見ている。

また願人は、橋本町をはじめ五ヵ所、八三軒の「ぐれ宿」を経営し、六十六部などの修行者や乞食が宿泊していた。「裏店という民衆の生活世界から零落した者は、すぐに無宿や野非人《のひにん》の状態に転落するのではなく、民衆世界の底辺的周縁部の一部である木賃宿《きちんやど》に、とりあえずその鰥寡《かんか》孤独の身を横たえたのである」(脇田ほか、一九九四)。

図8　願人坊主（『江戸職人歌合』より）

願人たちは、図8のような芸能活動からも、「すたすた坊主」、「チョボクレ坊主」などと呼ばれていたが、彼らの口承文芸は、近代の浪曲などに直接繋がっている（兵藤、二〇〇〇）。

大坂の願人坊主

大坂の願人は、当初は組頭二人で、一組五〇人いたが、しだいに人数が減って、組頭が一人になっている。駿府では、組頭一人で組下三〇人、甲府では組頭一人で組下二〇人がいる。なぜか鞍馬寺大蔵院のお膝元の京都には、願人がみられない。

一六七〇年（寛文一〇）代初頭の大坂には、二一人の願人がいて、「多人数にて家内狭く、迷惑仕り候間《あいだ》」、二人の組頭、春長組と順界組に分かれたいと、大蔵院に願い出ている。また七二年には、二組の願人仲間で争論が起こり、大蔵院の名代として派遣された寿福院の円随が、一七ヵ条の「仲間掟」を大坂町奉行所に上申している。その内容が、当時の大坂の願人の様子を伝えている。

願人の組織では、よそ者を仲間には入れず、当地の者だけを弟子として取る。しかも、確かな請人《うけにん》（保証人）、寺請けを取り、願人の両組で申し合わせて、組頭、月行司、五人組の頭一人を加えて、大坂町奉行所に申し出て、帳面に加えてもらう。したがって願人仲間は、奉行所によって掌握されている。

願人仲間は、師匠、弟子、別家よりなるが、基本は師弟関係であり、人数は「実子、養子、抱え置き候弟子とも」に、五〇人を上限としている。ここでも、吉田伸之の言う「願人のイエ」が形成されている。仲間は、年一回の会合と、月一回の毘沙門《びしゃもん》講の寄り合いをもち、仲間の「出銭」については、月行司・組頭立ち会いのうえで、「委細帳面」に付けている。

「鞍馬願人」の勧進としては、正月に鞍馬の札を配り、毎年三月七日までは夏行、九月より翌年正月までを冬行という金比羅《こんぴら》代参勧進、四月より六月までは、住吉社への代参の踊り勧進、七月の施餓鬼《せがき》勧進などが代表的である。また一年中、月待《つきまち》・日待《ひまち》講を名目に、各家々の軒先や門先を回り、施しを乞うている。そこには、住吉社の踊り勧進や、鉦《かね》をたたいて家々を回るなどの芸能活動も見られる。これに対して、先の「仲間掟」でも、拍子木をたたき、多人数にて経を読む勧進や辻談義を禁止している。

「仲間掟」では、「よそ者」を排除しているが、同時に大坂の町中に他の勧進者＝乞食坊主が入り込んだ場合は、その「吟味」は願人仲間に任されている。ここからも、願人が大坂町奉行所の支配の末端を担っており、ほかにも多様な勧進の集団がいたことがわかる。

これは江戸と比べた場合、鞍馬寺の大蔵院を本寺と仰いでいる点や、独自の仲間組織を持っている点で同じだが、江戸では坊号をもつ触頭から年寄役までの組織が段階的に形成されているのに対して、大坂では坊号をもつ組頭の下に年寄役一名がいるだけで、他の役名が確認できない。これは規模の違いによるのかもしれないが、江戸では願人仲間が勧進集団の中心であるのに対して、大坂では複数の勧進集団がいたことがわかる。

一七九八年（寛政一〇）の大坂三郷宛の町触れでも、「猥《みだり》に肉食妻帯のものこれ有り候ては」、紛らわしいので、町家に居住するものは、京都の西方寺、六斎念仏寺を、願人仲間に組み込むように指示している（『大阪市史』四巻上）。このように願人仲間だけが、勧進集団の中心ではなかった。

幕末の一八四五年（弘化二）になると、大坂町奉行所は、「陰陽師・普化《ふけ》僧・道心者・尼僧・願人の類」は、裏家に住ませ、一切の宗教活動を禁止している。そして、陰陽師は土御門家、願人は大蔵院の支配に属さない者の摘発を命じている。

これは、願人の「新組」として、京都の東寺、阿波（現徳島県）の竜光寺、大和（現奈良県）の壺坂寺などの僧が、勧進のために鞍馬願人に加わったためでもある。また、彼らは町家に「茶所」というものを出し、仏像を飾り、提灯を掛け、賽銭《さいせん》箱などを出して、参詣人を集めている。町奉行所の取り締りの後、「新組」の者は大半退散し、結局、大坂の願人は本組のみ「八九人にたらず」という状態になった。

ただ当時の願人は、西高津新町四・五町に居住する本組の者と、町中や町続きの他領に散在する新組の者との二組に分かれていた。西高津新町四・五町が、江戸のような「ぐれ宿」を形成していたかどうかは不明であるが、同所は木賃宿《きちんやど》で有名な長町には隣接している。

また一八五三年（嘉永六）二月、金比羅金光院の別院が西横堀にできたとき、当山派修験から願人に、正月に代参して「神号札」を配る由来を尋ねている。この事件は、訴訟にもなりかけるが、結局、願人が配る神号札から「象頭山《ぞずさん》」の三文字を削ることで決着している。この事件をみても、願人の勢力の衰退や、願人と修験との職分上の区別が付けにくくなっていることがわかる。

この大坂の願人の勢力の弱体や、「身分集団」としての自律性の弱さから、吉田は、「京都においては、町家住居の非・清僧あるいは乞食坊主・勧進者は、中世〜近世初頭以来きわめて多様に分岐しており、そこには鞍馬寺子院を本寺とし、願人という形式をもつ身分集団が独自に形成される余地はすでに残されていなかった」と推定する（吉田、二〇〇〇）。京都では、西方寺や六斎念仏《ろくさいねんぶつ》寺系の勧進集団などの分析が重要になってくる。

乞胸とは何か

次に乞胸《ごうむね》とは、どういう意味なのか。乞胸頭仁太夫《にだゆう》の家に伝わる文書には、「家々の門に立ち、施を乞い候義は、先方の志を乞い候と申す意にて、乞胸と唱え候」とある。しかし、これだけでは非人・乞食との区別がつきにくく、事実、一七世紀中ごろ、浅草の非人頭車善七は、日本橋小伝馬町に住む長島磯右衛門とその仲間が、寺社境内や空き地で草芝居や狂言をおこなっており、これでは非人のやることと区別がつかない、という訴えを起こしている。結局、町奉行石谷左近将監《さこんしょうげん》は、磯右衛門らの稼業は認めるが、稼業をおこなっている間は、車善七の支配を受けることになって、身分は町人だが、職業のみ非人頭の支配を受けることになった。

乞胸の集団は、一七六八年（明和五）に、主な住居を下谷山崎町二丁目に移している。ここは、願人の住居でもあり、両者は何か関係があったのかもしれない。また、この山崎町は、近代東京の代表的な都市「スラム」のひとつである。このときの乞胸の頭は八代目で、山本助右衛門と名のっているが、彼の息子から仁太夫を名のり、一八七一年の「解放令」まで仁太夫を受け継いでいる。

乞胸頭の主な収入は、乞胸に渡す鑑札の礼銭であるが、それを小頭たちとわけて生活していた。一七九三年（寛政五）の月収は、銭一二貫であり、公定相場に直すと約三両、年収三六両であるが、小頭たちにも分配すると、そう多いとはいえない。そこで、物乞いのほかに、仁太夫と小頭たちは、願人と同じように、木賃宿＝「ぐれ宿」を経営していた。一八四三年（天保一四）には、下谷山崎町、四谷天竜寺門前、深川海辺大工町の三ヵ所に、九軒の「ぐれ宿」を経営し、一四〇人ほどの乞胸を泊めていた。しかし、同年三月に、町奉行所の伺いによって、彼らはまとめて浅草竜光寺門前に移住させられた。

乞胸の数も、一八世紀の終わりごろには、二〇〇人余りであったが、一八四二年には、七四九人に急増しており、幕末までこの水準であった。天明・天保の大飢饉によって、都市周縁の人口も膨張している（中尾、一九九八a）。

乞胸の芸能活動であるが、石井良助が紹介した「乞胸稼業書上」（『市中取締類集』）によると、綾取《あやとり》、猿若《さるわか》、辻放下《つじほうか》、浄瑠璃《じょうるり》、物真似《ものまね》、物読《ものよみ》、江戸万歳《まんざい》、操《あやつ》り、説経、仕方《しかた》能、講釈、辻乞胸の一二種類になる（石井、一九八八）。このなかで非人の生業となっていた「物真似」を、乞胸がやっていては、非人たちとの確執があったことを十分予想させるし、「辻乞胸」といって、他の史料では「無芸」と書かれているような、ただの物乞いだけをしているだけの乞胸がいたとすれば、乞食と区別がつかないことになる。

吉田伸之は、「乞胸というのはいくつかの種類にわたる芸能者の小集団というものの複合から成り立っている」のではないか。また「香具師《やし》の集団に属する興行者のもとで、狂言座等の仲間組織のある一部の宮地を除く、広小路、明地《あきち》、および大道を家業の場と」している。そして、「乞胸頭仁太夫の『支配』とは、それほどハードな支配ではない」のではないか、とする。なぜなら仁太夫と八人の小頭で、「非常に多様でかつ個々の芸の熟練を要するような乞胸の家業の一つ一つについて指導したりすることは、たぶんできないのではないか」とする。そして、近代との関係では、「グレ宿とよばれる木賃宿経営の問題が重要だ」と指摘している(吉田、一九九五)。

乞胸というのは、弾左衛門の支配を受けるのではなく、物乞いや芸能活動については、乞胸頭仁太夫の鑑札を受け、非人頭車善七の支配下にある。「乞胸に限って、町人はいつでも乞胸になれたし、またいったん乞胸になっても、いつでもやめたいときにはやめて、町人に戻ることができた」。「身分は町人で、職業は賤民である」という「特殊な賤民」(石井良助)や、「半賤民」(寺木伸明)という規定があるが、乞胸は基本的には町人身分であり、最近の言葉を使えば、町人の周縁的な身分ということになるであろう。えた頭弾左衛門の直接的な支配を受けている猿まわしなどとは、決定的に異なっているが、その物乞いなどの活動によって、賤視を受けていることも事実である。

また、大坂の場合、江戸時代に乞胸の存在が確認されていない。先の願人の身分集団としての自律性の弱さなどから考えても、大坂では「大道芸が被差別民衆の生業として認識されなかった背景」になっていた、と考えられる(中尾、一九九八b)。今後は、江戸のように願人や乞胸が大道芸の中心となる地域と、大坂などでの大道芸との比較が重要である。

一八七一年(明治四)八月の「解放令」の直後、一〇月一八日、「浅草松葉町に住居」

する乞胸頭の称が廃止され、乞胸は適宜に営業するようになった。また、浅草溜の近辺が出火のさいには、手代および配下の者二〇人を出していたが、その義務も廃止された。

香具師と呼ばれた人びと

かつては香具師《やし》と呼ばれ、近年では的屋《てきや》と呼ばれる集団について、一五世紀後半の応仁の乱のころからの発生を説く意見もあるが、ここでは江戸時代の香具師を見よう。香具師の語源としては、野士、野師、薬師、矢師、八師、弥師など諸説あるが、野武士や薬売りから来ているという説が多い。

『守貞謾稿《もりさだまんこう》』では、「矢師　商人の一種の名。製薬を売るは、専《もっぱ》らこの党とするよしなれど、この党にあらざるものあり、この小売りの内種々あり。路上の商人多し。歯抜きもこの一種なり。大坂の松井喜三郎、江戸は長井兵助、玄水など最も名あり、喜三郎と兵助とは人集めに筥《はこ》三方に積みかさね、その上に立って太刀を抜き、あるいは居合いの学びをなし、玄水は独楽《こま》を回して人を集め、歯磨粉の歯薬を売り、歯療入歯もなすなり」と伝えている。

このような居合い抜きや独楽回しは、曲鞠《きょくまり》とならんで「愛敬《あいきょう》芸能」といわれていたが、これは物を売るための芸能活動であって、芸能活動そのものに目的があったわけではないが、後には見世物を専業とする者も現れる。香具師は売薬をおこない、大坂の薬種問屋と同じ、中国の神農皇帝を崇拝していたが、富山の売薬商人などからも、「香具体の者」に見られないようにと、一段蔑視されていた（『富山売薬業資料』）。

香具師の由緒については、「香具商人往来目録」には、聖徳太子が三四歳のとき、山城国四条河原で千葉京吟という人物が、売りと買いという双子を生んで、「諸商売香具」の二字を給わり、諸国の盛り場に出て商売するようになった、という話が書かれている。そのときの往来手形が「五尺八寸」の天秤棒《てんびん》だ、というのである。この往来仲間は、「恵美《えび》須《す》仲間」と呼ばれている。

「天秤棒手形の件は、鋳掛師《いもじ》の所有する伝承と同一で」あるが、これは香具師のなかには、「鋳掛師（「ガケ」）の系譜をもつという者」があったからであろう。岩井弘融によると、この「由緒縁起書という特権文書」は、「いずれも中世の座文書の系統を受けつぎ漂泊流民の特徴的な伝承となっている。また、何れも徳川中期における由緒上申の必要から作成したものと思われ、他方、当時の階層構成において賤視され勝ちなのに対して自己主張をおこなう意味をもって大切に携行されていたと思われる。大工、石屋の場合においてはその職神は聖徳太子とされてい」た。

一六二九年（寛永六）、松平伊豆守が香具商人を召しだしたときの「八香具」は、食来師、傀儡《くぐつ》師、鉄（金）物師、読物《よみもの》師、合薬《あわせぐすり》師、物形師、書物《かきもの》師、辻医師であり、「五商人香具」は、小間物師、売薬師、煙草師、見世物、筵《むしろ》張《ばり》茶屋であった、という伝承になっている。

これに対して、「御宮様御勅言御免書ノ写」や「香具商人連中へ仰付《おおせつけ》候御注意ノ件」という文書では、香具商人は、「東叡山御宮様（日光輪王寺《りんのうじ》の宮門跡《みやもんぜき》）の御抱えの百姓」ということになっている。しかも、「十三香具の妙法」として、居合抜き、曲鞠、貝《ばい》（独楽）回し、覗き、軽業《かるわざ》、見世物、懐中掛香売り、諸国妙薬取り次ぎ売り、蜜柑・梨・砂糖商人、小間物売り、火打ち火口売りなどの「香具十三仲間」をあげている（岩井、一九六三）。吉田伸之は、これらの由緒書の相違を、「別々の歴史を持った小集団が、ある段階に香具師という単一の集団に合流する、つまりいくつかの小集団の複合という歴史過程をもつことを示唆する」としている。

また吉田は、一七四八年（延享五）、浅草寺に対して尾州屋惣助、神岡屋甚兵衛という二人の寺領外の香具師が、若之助・久米太郎という二人の子供の「売薬」のための「愛敬芸能」を、浅草寺の境内町の香具師安兵衛を通して申し込み、実現している例などから、「香具師集団の内部に興行師が内包され」ていたことを重視する。いわゆる宮地芝居なども、「香具師のリーダー格を中心とする興行師と、自立的な諸芸能集団からなるのではないか」と推定する（吉田、一九九五）。

そして近年の研究では、一八二七年（文政一〇）の甲州西郡の六ヵ村だけでも三〇〇人に近い香具師がおり、「六ヵ村の平均三〇％が農閑余業に、香具商売をしていた」事例が報告されている（弦間、一九九一）。このような都市とは違った、「農閑余業」としての香具師の姿も明らかになってきている。

芝居と相撲

役者たち

歌舞伎の成立

中世末期には、女猿楽《おんなさるがく》、女曲舞《おんなくせまい》、女房狂言といった、女性の芸能者が歴史の表舞台に登場する。なかでも「ややこ踊」の系譜をひき、京都の五条大橋東詰や北野神社社頭に小屋がけした、出雲のお国一座は、近世歌舞伎の祖とされる。ただ、お国の出身については、出雲大社の巫女《みこ》説（伊原敏郎）から、大和の五ヵ所・十座の声聞師《しょうもんじ》の女説（林屋辰三郎）、京都の出雲路河原《いずもじがわら》出身説（吉川清）など、諸説紛々で定説がない状況である。

お国歌舞伎は、「異風なる男のまねをして、刀・脇指・衣装以下、殊に異相なり、彼男茶屋の女とたわむるゝ体《てい》有り難くしたり」（『当代記』）といわれているように、異性装と帯刀をして、茶屋遊びをしている姿を演じていた。これは、当時の歌舞伎者《かぶきもの》といわれる浪人たちを真似たものである。「歌舞伎」とは、「傾《かぶ》く」という動詞からきており、異端・異相の姿や行動を指しているが、歌舞伎者とは、流行の先端にあって、「かぶき」精神を体現している人たちのことである。

一方、三都を中心に、遊里の公認が始まり、遊廓の経営者たちが流行の女歌舞伎を客寄せの道具として利用する。これが遊女歌舞伎の始まりだが、京都では、「六条の傾城町《けいせいまち》より、佐渡嶋《さどしま》（正吉《しょうきち》）というもの、四条川原に舞台をたて、けいせい数多出《あまたいだ》して、舞おどらせけり」（『東海道名所記』）といった、遊女（和尚《おしょう》と呼ぶ）歌舞伎が展開していた。図9の『四条河原遊楽図』の右上を見ると、遊女が曲彔《きょくろく》という椅子に座り、渡来したばかりの珍しい楽器である三味線を弾いている。その周辺には、孔雀《くじゃく》や人・動物の曲芸などの見世物小屋が建ちならんでいた。

江戸の吉原でも、遊女歌舞伎、遊女能のほかに、勧進舞《かんじんまい》（曲舞《くせまい》）、蜘蛛舞《くもまい》（綱渡りの軽業《かるざわ》芸）、獅子舞《ししまい》、相撲《すもう》、浄瑠璃《じょうるり》など、さまざまな芸能を興行して、客を遊廓に引き込んでいた（『慶長見聞記』）。このように、当時の河原や遊廓は、まさに見世物小屋のワンダーランドであった。また、女歌舞伎は、全国の中小都市にも普及していった。

図9　江戸時代の京都四条河原（『四条河原遊楽図』静嘉堂文庫蔵）

　こうした女歌舞伎の流行に対して、幕府は一六二九年（寛永六）一〇月、女性が一切舞台に上がることを禁ずる達《たつし》をだしている。しかし、服部幸雄も指摘しているように、「実際にはこれ以後も女歌舞伎、女舞、女浄瑠璃は興行して」おり、むしろ元和《げんな》・寛永のころ（一六一五〜四四）、各地で遊里の囲い込みがおこなわれることが重視される。

　江戸では遊廓の公娼制度が成立し、吉原の傾城町《けいせいまち》が公認されるのは、一六一八年（元和四）一一月だとされている。大坂でも、新町の遊里が成立するのは寛永年中である（『澪《みお》標《つくし》』）。

　京都では、六条柳町《ろくじようやなぎまち》（三筋町《みすじまち》）の遊里が繁盛し、四条河原に小屋がけした佐渡島正吉の興行など、遊女歌舞伎が全盛であったが、一六四〇年（寛永一七）七月、朱雀野《しゆじやくの》に移転させられる。島原《しまばら》の遊里がこのときに成立するが、島原という地名は、周囲に土居を築き、堀をめぐらした傾城町のものものしい町構えが、天草島原の乱のときの原城に似ていることからつけられたという説もある。

　このような遊里の囲い込みによって、遊女歌舞伎は完全に自由を奪われ、終息していった。服部は、これは中世末以来に台頭してきた女性芸能者への弾圧の完成であったとしている（服部ほか、一九九八）。

このように遊里と芝居が定住し、江戸時代の二大「悪所」「悪場所」として囲い込まれていくのだが、これを広末保は、「むろん、遊行性の喪失とともに、鎮送呪術家のもっていた『役』者的性格——宗教行事の管理・執行者としての『役』をになうその性格——は次第に希薄になり、そのため、同じ卑賤にしても、その卑賤の性格は変化したであろう。ある意味では、幕藩体制の編成とともに、一層きびしい差別観のもとにくみこまれた」と指摘している（広末、一九七五）。そして、新時代の芸能興行の首座を、若衆《わかしゅ》歌舞伎に譲り、男色《なんしょく》文化を町人社会にまで普及させていった。

歌舞伎と男色文化

江戸時代の初めは、戦国の遺風からも「男どうしの性愛関係は、衆《しゅう》道《どう》あるいは義兄弟の契りと呼ばれ、とりわけ武士の世界で流行していた。それは逸脱した性関係として異常視されるどころか、逆に武士道の華として賛美された」（氏家、一九九五）。

徳川家光の男色は有名だが、『土芥寇讎記《どかいこうしゅうき》』（一六九一年）という家伝によると、元禄期の大名二四三家のうち、計三二名、一割強が男色を好んだとされている。図10のように、武士が若衆（色子《いろこ》）を寵愛することが、もてはやされていた。このような武士や僧侶の男色が、若衆歌舞伎の流行などによって、庶民にまで普及していったのである。

図10　武士と若衆（色子）

幕府は、一六五二年（承応元）に、若衆歌舞伎を禁止するが、この直後に、男色を売り物にする若衆を出演させないという条件で、歌舞伎興行を再興させた。そのとき、若衆美を象徴する前髪が剃られ、成人の野郎頭の男性のみで上演されるようになり、これから後を「野郎歌舞伎」と呼ぶようになった（武井、一九九七）。

しかし、歌舞伎役者と男色との関係は、これで切れるどころか、むしろ江戸時代の役者の生業は、男娼であるといってもよいほど、男色は継続する。江戸では、陰間《かげま》茶屋という男娼を置く茶屋が発達するが、そもそも「芝居へ出るを舞台子《ぶたいこ》といい、出ざるを蔭子《かげこ》（舞台に出ないから、蔭のものなのだ、蔭間と書いてカゲマともいう）」と言われているように、陰間というのは、舞台に出ない役者の総称であった。陰間茶屋には、陰間はもちろん、舞台子もいて客をとっていた。

『塵塚談《ちりづかだん》』によると、「男色楼《かげまぢやや》、芳町《よしちょう》を第一として、木挽町《こびきちょう》、湯島天神、糀町天神《こうじまちてんじん》、塗《ぬ》師町《しちょう》、代地《だいじ》、神田花房町、芝神明前《しばしんめいまえ》、この七ヵ所、二三十年（寛政のころ〔一七八九～一八〇一〕）以前まで楼ありけり、近歳は、四ヵ所絶えて、芳町、湯島、神明前のみ残れり」といわれている。安永・天明年間（一七七二～八九）には、芳町だけでも一〇〇人をこえる陰間がいた、と語っている。しかも、三町の男娼が、歌舞伎の「三座太夫元の抱え名義になって」おり、「蔭間やの亭主」は、狂言作家であったり、著名な歌舞伎役者であったりしている（三田村、一九二七）。

陰間や舞台子になるのは、「お下《した》」と呼ばれる最下層の若い役者が多かったが、女形の修業のためになる役者も多かった。ただ陰間茶屋の男娼たちは、同じ男色とはいっても、男性の客だけではなく、女性の客もとるので、武士の世界などでいう男色とは異なっていた。江戸時代には、「女郎買」や「芸者買」という言葉とともに、「役者買」という言葉が生まれているし、滝亭鯉丈《りゅうていりじょう》の『人間万事虚誕計《うそばっかり》』（一八三三年）のなかでは、「ほんに女に生れた冥加《みょうが》に、一度は役者を買って見たい」という科白《せりふ》がでてくる。

特に「女方は、男色と表裏一体をなす関係に生きていた」（今尾、一九七四）。四代目松本幸四郎は、「八、九歳の頃、わずかの身の代金にて、同地（京都）宮川町の金子某という家へ、色子に売りわたされ、名を錦弥とよびて、十二、三歳の時より客にいでしが、生来容貌も衆人にすぐれ」「昼夜客の絶え間なかりしが」、一八、九歳で「昔の全盛にひきかえて、かのお茶挽女郎《ちゃひきじょろう》なんどというごとく、いつも売れ残りて、座敷の片隅にかゞまりいるように」なった。すると主人は、「閨房待遇鈍《にぶ》きゆえならん」と怒り、「牛馬など追いつかうがごとく、人に語るも恥しき淫褻《いんせつ》のことを教ゆるのみか、果ては、呵責《かしゃく》の杖をうけ、身内の生疵《なまきず》の絶ゆることなきほど」だった、と伝えられている（中村仲蔵『松本幸四郎伝』）。

陰間茶屋は、一八三〇年代から衰退するが、これは幕府のたびたびの禁止政策もあるが、氏家幹人はそれ以外に、「女性の身なりや化粧がどんどん魅力的になってきたこと。社会の安定に伴って家を永続させようという気持ちが強まり、その結果、跡継ぎの結婚年齢が低下したこと（これは主として武士の場合であるが）」などの性文化の転換をあげる（氏家、一九九八）。

明治の初年には、男色の禁止が「鶏姦《けいかん》処罰」として厳しく禁止されるようになる。同法は七二年九月の白河県（現福島県）の伺いに始まり、翌七三年六月一三日に布告され、同七月一〇日から施行されることになった（霞、一九八五）。しかし明治以降も、森鷗外の小説『ヰタ・セクスアリス』（一九〇九年）などで、男色が描かれているが、これは「九州地方、とりわけ薩摩は、江戸時代以来衆道（少年愛）のメッカでした。明治維新によってその風潮が東京に伝わると、それまで女色に圧倒されてすっかり勢いが衰えていた男色が東京でも息を吹き返し、さらに日清日露戦役で好戦的気分が広まるに伴って、一大流行の観を呈した」と言っている（氏家、一九九八）。これ以外にも、近代以降に強化される「男尊女卑」の風潮も見逃せないであろう。

「河原乞食」と差別

前章の「『解放令』の社会史」の節でも述べたように、一七〇八年（宝永五）の「勝扇子《かちせんす》」事件は、えた頭弾左衛門の支配から歌舞伎が自立する画期となった事件ではあったが、それで歌舞伎などの芸能者が一気に賤民支配から脱したわけではない。一七二七年（享保一二）三月に、京都・江戸・大坂の三都の芝居の座元が、えたの無銭入場を断ったところ、京都の「えた頭」下村庄助との間で争いが起こり、結局、三都の座元たちが連名で、三都をはじめ諸国の「えた頭」にわびをいれ、従来どおりえたの無銭入場を認めた、という記録がある（『編年差別史料集成』第九巻）。

この事件を紹介している諏訪春雄も、史料の記述に信憑《しんぴょう》性を欠く記事のあるところから、「この文書をそのまま信じるには多少の問題が残る」としている（諏訪、一九九〇）。辻ミチ子の研究では、京都の「下村家は公役である『掃除役』を通じて、幕府の身分統制政策の一端を担ったが、江戸の弾左衛門のような大きな権力はなく、弾左衛門と同格の『穢多頭』とはいえない」とする。そしてなにより、一七〇八年には下村家は「断絶」しており、この文書が偽文書であることがわかる。これは、「江戸中期以降、穢多身分の取締まりが強化され、穢多頭の権限が縮小されていくなかで、それに抵抗してつくられた」偽文書のひとつであろう（辻、一九九九）。しかし、「中小芝居の勧進興行などの折に入場料の十分の一を賤民におさめる十分の一櫓銭《やぐらせん》の問題」は、幕末・維新期まで続いている（諏訪、一九九〇）。

役者たちもまた、「河原者」＝賤民意識を強烈にもっていた。「錦着て畳の上の乞食かな」という有名な句があって、五代目団十郎の作とも、父四代目団十郎の作ともいわれている。五代目団十郎は、ある貴人の座敷に招かれた時に、どうしても座敷に上がらず、庭先に座った。貴人がたって座敷へ上がることを勧めたら、一枚の座布団をとりだして、それを敷いて縁先に座った。だが、その座布団は筵《むしろ》を細かくほぐして作ってあった、という（渡辺、一九八九）。

また団十郎は、一七九六年（寛政八）一二月、都座の顔見世に名残りを務め、本名の成田屋七左衛門を名乗って、五六歳で隠居する。そのとき、「いやしき役者の家に生まれし故、歳にも恥じず女の真似するはいかなる因果ぞ」と言って落涙したのは有名な話である（『蜘蛛の糸巻』）。しかも彼は、隠宅を「六畳に勝手のみにて、天井張らず茅《かや》屋根の裏みゆ」（『数珠の親玉』）という家に住んでいた。天井のない家とは、家ではなく小屋である。小屋こそが非人の住む所であり、彼の「河原者」意識がよく現れている。「小屋者」というのは、「河原者」とならぶ役者に向けられた蔑称である。

現実にも、役者に対しては厳しい規制が設けられていた。芝居小屋の三階の正面には、「芝居法度《はっと》」とも「三座掟書」ともいわれる一枚の紙が張ってあった。この「法度」（一七九七年）には、役者は舞台衣装はもちろん、「平生の衣服」でも絹・紬《つむぎ》・麻布に限定することや居宅を堺町・葺屋《ふきや》町・木挽《こびき》町の三町に限定すること、「女形・野郎・子ども共」も、右の三町から出ることや、三町の芝居茶屋での遊興の客の相手をすることを禁じている。そのほかに、「狂言に男女申し合わせ相果て候儀、作り入り申す間敷《まじく》」といった心中物の禁止、狂言の終了を「夕七ツ時」に限り、「火の元大切に相守」ることや、楽屋での博打《ばくち》諸勝負の禁止を命じている。

衣服の規制は、華美をいましめ、分限を守らせようとする、といった封建道徳一般の問題だけではなく、役者の衣装が民衆のファッション・リーダーになっている、といった時代背景を考えなければならないであろう。

また居住制限は厳しく、京都の場合は四条河原町に、大坂の場合も道頓堀の川岸に集められている。「堺町（もと下堺町）・葺屋町（もと上堺町）が、府の東端、大川に近接する茅野浦浜の地に、そして木挽町五・六町が、そこから南へおよそ十町余り隔たる、三十間の川岸に位置していたことを知れば、京・大坂同様、江戸の芝居の在所も、町の外端に当る一種の辺地に他ならな」いのである（今尾、一九七四）。

その後、天保改革のときに、芝居は浅草今戸聖天神町の近辺に移転させられた。そこは「俗に姥ヶ谷とて（中略）地形甚だ低き」（『東都劇場沿革誌』第四巻）低湿地で、埋め立てに一七八〇両もかかった。墨田川に近く、吉原や非人小屋、えた村に隣接する「辺境の悪所」であった。

この天保改革のとき、太夫、人形遣い、役者などが西町奉行所に呼び出されたが、「太夫は与力同心の次席に座す」のに対して、「人形遣いは筵《むしろ》の上にあり、次に歌舞伎役者は敷石の上にそのまま座」らされた。しかも、太夫には「太夫衆」、人形遣いには「人形遣いの者共」と呼ばれるのに対して、歌舞伎役者へは「河原者何匹」と呼ばれている（『浄瑠璃研究書』）。そして、天保改革以降、役者は外出するときに、「編笠」を着用することを義務づけられている。

役者の旅行にさいしても、「芝居狂言をつとむる戯者、京・江戸往来の時、道中御関所手形は、みな穢多の頭より貰て往来するなり。江戸より上京するには、浅草団《ママ》左衛門手形をいだすなり。京都より江戸へ下るには、四条智恩院横町に住する穢多の頭《ママ》天部より手形を出すなる」（『譚海《たんかい》』巻之一四）とさえいわれている（今尾、一九七四）。役者の関所手形には、「役者一匹」としか書かれていなかったという証言もある（原田、一九七三）。

小芝居と子供芝居

江戸時代、役者の風俗が、庶民の生活に大きな影響を与えたといっても、大店《おおだな》の支配人でさえ年収一〇両の時代に、一回に一、二両もかかる芝居見物に、そうたびたび行けるわけがない。しかも、芝居の料金は急速に値上がりしているので、下層の庶民は、寺社の境内に小屋掛けで興行している廉価な小芝居《こしばい》の見物に出かけ、歌舞伎見物のかわりにしていた。

江戸の小芝居には、いろいろな呼び名があって、宮芝居、宮地《みやち》芝居、草芝居、晴天芝居、緞帳《どんちょう》芝居、百日芝居、おでこ芝居、俄《にわか》芝居、笹櫓《ささやぐら》、笹幕芝居などと呼ばれていた。江戸では、一六六一年（寛文元）一〇月に、寺院境内において小芝居五ヵ所の興行が許された。ただし、晴天一〇〇日と限られ、手踊りだけが許されたので、そこから「百日芝居」の名が起こった。もちろん実際には一〇〇日を過ぎても、寺社奉行に継続願いを出すだけで、ほとんど常設化していた。だが、いつでも取り払えるように、むしろ張りの小屋掛けで、見物席には屋根が許されなかった。

彼らは、特殊な例外を除いては、花道・引幕も許されず、やむなく幕のかわりに粗末な緞帳《どんちょう》を使ったので、「緞帳芝居」という蔑称も起こった。なかには「おでこ」と呼ばれた人形芝居や、放下師《ほうかし》の芝居もあったので、「おでこ芝居」とも呼ばれていた。これは、粗末な鬘《かつら》・衣装・道具を使うところからきたともいわれている。しかし、小芝居と大芝居の交流はまったくなく、小芝居に出た役者は、二度と大芝居には出られなかった、という差別を受けた芝居でもあった（服部、一九九六）。

幕府は、一七三五年（享保二〇）に、小芝居代表江戸七太夫に対して、次のような申渡書をだしている。「その方芝居は、大歌舞伎座と申すにてはこれ無く、総《すべ》て寺地・宮地は笹幕と申し、乞胸《ごうむね》に順じ候もの、これに依って百日宛切り、幾年有り仕り候共、百日芝居興行仕り候得ども、百日目には又願い直し仕る可き候、願いの段聞き届けがたき旨申わたされける」。このように小芝居は、「乞胸に順じ候もの」とされている。この申渡しには、一七名の興行所が列記されている。

これに対して上方には、子供芝居というものがあった。これは、「小芝居へ出たる子供は、大芝居の役者交わりせず、もちろん舞台へ出さず」（『歌舞伎事始』）といったものではなく、子供芝居→中《ちゅう》芝居→大芝居と上昇するものであった。中芝居というのは、上は三〇代半ばで、中心になるのは二〇代の若手役者が上演する芝居であった。

また宮芝居に対して、「浜芝居」という言葉もあり、本来は道頓堀の「浜（川岸）に位置した芝居」の意味であった。元は「からくり座」を指した語であるが、宝暦年間（一七五一〜六四）には、操《あやつ》り狂言を演じた、竹田、石井、亀谷《かめや》の三座子供芝居を指すようになった。しかし後年には、「浜芝居」も「子供芝居」から「中芝居」を指す語に変わっていった。

だが、天保改革によって、子供芝居・中芝居も深刻な打撃を受けた。京都では、因幡《いなば》薬師、四条道場ほかの芝居が取り払われ、大坂でも、座摩《ざま》・御霊《ごりよう》・稲荷など船場内の宮芝居、天満《てんま》、北新地、堀江などの定芝居《じようしばい》が取り払われた。京都では川東と、周縁の島原廓口に、大坂では三郷《さんごう》の南端・道頓堀に隔離されたのである。上方の芝居もまた、「辺境の悪所」として囲い込まれていったのである（青木、一九九七）。

村芝居と侠客

農村で公演された芝居には、村側からみて二つの形態があった。一つは、その村の人たちが自ら演じた芝居で、これを地芝居・地狂言・地歌舞伎などと呼び、いま一つは座（劇団）を招いて興行する、買芝居・請《うけ》芝居などと呼ぶものである。現在わかっているだけでも、二〇〇〇近くある各地の「農村舞台」は、いかに村芝居が活発であったかを証明している。

買芝居の歴史は古く、江戸時代の初めに、京のお国歌舞伎が評判になると、それを真似た女歌舞伎の芸団が、全国をまわっていた。しかし、竹下喜久男が紹介した、紀州（現和歌山県）の田辺町では、一六六九年（寛文九）に、藩主が新熊野権現に参詣したとき、社頭で演じられた歌舞伎や能を楽しんだ、という記録がある。この歌舞伎や能は、京都や大坂から来た集団である可能性が強い。また一六八六年（貞享三）には、田辺組大庄屋と田辺町大年寄りが、町周辺の社寺や新熊野権現を、町役ではなく芝居興行の利銀によって、修復したいと願いでている。この願いは許可されて、同年七月三日から八月四日まで、大坂操芝居の太夫竹本茂太夫らが新熊野権現鳥居前の畠で興行をおこなっている（竹下、一九九七）。

これらは早い事例で、一般的には元禄時代（一六八八〜一七〇四）に、「地役者」または「地回りの役者」と称される旅興行専門の役者集団によって、歌舞伎が広い範囲で上演されるようになった。そして、「享保以降、特に宝暦から天明にかけての約三十年の間に、地狂言は全国各地で上演されるようになった」（守屋、一九八五）。

近年の神田由築《ゆつき》・小林文雄らの研究によって、この歌舞伎の地方興行にとって、「推放《すいほう》（粋方《すいほう》）」とか、「通り者《とおりもの》」といった、地域の侠客集団が果たしている重要な役割が解明されてきた。従来から、阿部善雄によって、奥州（現福島県）守山藩の目明し金十郎が、一七五二年（宝暦二）におこなった歌舞伎興行の例などが紹介されている（阿部、一九八一）。また守屋毅は、「あの国定忠治が、もと村芝居の役者であったという言い伝えが残されているほどに（「上州遊び人風俗問答」）、『長脇差』と村芝居のあいだは接近していた」と指摘している（守屋、一九八八）。

神田の研究によると、伊予国（現愛媛県）三原市では、一九世紀になると、芝居はもちろん、推放などの俠客の媒介なしでは、遊女の誘致もできなくなってきている。また、豊後国（現大分県）杵築《きつき》若宮市でも、俠客集団は、自らの存立基盤である芝居興行や遊女商売ルートを確保するために、独自のテリトリーを形成し、一方では市の「支配」や「引受」という形で、他方では犯罪捜査をおこなっている。このテリトリーは、藩領をさえ越えるものであった。神田は、俠客集団の仕事を、芝居興行、遊女商売の周旋ルート、犯罪捜査の三点に整理する。最後の犯罪捜査では、えた身分の者との密接な関係も注目される（神田、一九九九）。

一方、小林は、江戸時代中後期の東日本の農村を分析して、「『通り者』は、村・地域を越えた独自のネットワークを活用することによって地域社会の治安を維持し、芝居・祭礼興行の円滑な遂行に不可欠な存在として地域社会の中に一定の存在理由を持っていた。興行の活発化は、通り者と『民衆』との交流を日常化させ、通り者に民衆世界のリーダーの地位をもたらした」とする（小林、一九九六）。明治初年の近畿地方の村芝居を回顧した、七代目市川中車《ちゅうしゃ》は、その様子を次のように伝えている（『中車芸話』）。

松阪の次は熊野路へ入りましたが、この辺の習慣として、芝居と博奕《ばくち》とは切るに切られない風習があって、太夫元《たゆうもと》（興行主）になる人はいずれもその土地の貸元《かしもと》でした。したがって芝居の後ろにはいつも盆茣蓙《ぼんござ》が敷いてあって、賭場《とば》が立っているというわけです。（中略）太夫元の方では芝居を見せて人を寄せるのが目当てなので、つまり博奕を打つ人が集まって来ればいいので、要するに現代ことばでいう、マネキンみたいなものです。幕が締まると「さあ、どうぞこちらへ」と言って裏の博奕場へ案内して手弄《てなぐさみ》が始まる。これで一区切りすんだ頃合にはまた幕を明けては新しいお客を寄せるのです。

播磨の役者村

この村芝居を専門にする、役者村が西日本から北九州にかけて存在する。近畿の代表的な例は、兵庫県加西市の東高室《たかむろ》という村である。柳田国男は、母親の出身地である加西郡北条町に住んでいたころの思い出をこめて、「芝居の役者に播磨座と云うのは、この国（播州）赤穂の城下および高室村から出る者で、これもまた人が志久《しく》（夙《しゅく》）と呼んだとある。高室は今は加西郡北条町の大字《おおあざ》である。自分などもこの町の小学校で教育を受け、高室から来る少年の二三名は同級生であった。今でもよく記憶しているが、学校の廊下などで無理に所望《しょもう》して眼を剝《む》いたり、足を踏んだりして見せて貰ったことがある」と語っている（柳田、一九一四）。

高室村は、「石屋三分に百姓一分、残る六分は皆俳優《やくしゃ》」（『大阪朝日新聞』一九〇八年九月一四日）といわれていたように、高室石の産地としても有名だったが、村の人口の六〇％が役者という役者村である。播州歌舞伎の根拠地であり、最盛期には、大和屋太七座、国《くに》造《つくり》座、新蔵（造）座、勘七座、金蔵座、福蔵（造）座、巳代吉座、小六座、綱助座の九座があり、たがいに競い合っていた。その巡業先も、山陽・山陰・淡路・四国にまでおよんでいた。

役者村としての高室が、文献誌上にあらわれるのは、宝暦年間（一七五一～六四）のころで、播州の代表的な地誌『播磨鑑《はりまかがみ》』に、「加西郡高室村、鶉野《うずらの》村、粟野《あわの》新村、この所に歌舞伎役者有りて、諸国に出る」という記述がある。しかし、村の伝承ではもう少し古く、元禄の初めに、大坂から一人の役者が流れてきて、村に住み着いて、若者たちに歌舞伎を教えたとある（『加西郡誌』）。

だが、先の柳田の指摘のように、この村は「志久」の末裔《まつえい》だとされており、中世以来の「夙」の系譜を引く村である。『徳川禁令考』のなかでも、夙の民は「平日産業は三味線、鼓弓《こきゅう》を引き、小歌《こうた》を諷《うた》い、または小芝居などをいたし、近国を歩行、女子供は、草履《ぞうり》、鞋《くつ》を作り商い、吉凶の家に施しを受け、渡世いたし、播州網干《あぼし》辺に罷在《まかりあ》る由《よし》」といわれた、賤民的芸能者である。

しかも高室の役者は、正月には万歳に出ている。高室の万歳は「播磨万歳」と呼ばれ、元禄時代に、鳥取の城下町へ出向いている（『歴年大雑集』）。また『丹後国峰山風俗問状答』には、「播磨万歳、村方には従前から二人連れで来て、三味線、鼓《つづみ》に合わせ、家毎《いえごと》に舞いあるく」と記されている。

そして高室の万歳もまた、三河万歳と同じく土御門《つちみかど》家の陰陽師《おんみょうじ》支配に組み込まれている。天保改革のときに提出した歎願書には、高室の由緒として「去る享保年中に村方才蔵と申す者、京都土御門殿へ御願い申し上げ奉り候て、播磨国陰陽道触頭《ふれがしら》と成り、呼び名高崎播磨と改まり、辻占い幷《なら》びに天長地久の祈禱《きとう》、万歳芸、御免蒙《こうむ》り奉り」と、幕府の芝居統制に対して、享保年間（一七一六〜三六）に、土御門家支配の陰陽師になった、と自分たちの正統性を矜持《きょうじ》している。ただ、『加西郡誌』所収の史料によると、土御門家の

「免許」を受け、高室が「播磨陰陽道触頭」となるのは、一七四四年（延享元）六月となっている。

ここからは、中世賤民の系譜を引く村が、大坂から流れてきた浪人役者の力をかりて歌舞伎の役者村に再編され、幕府や藩の芝居統制に対して、土御門家の権威をかりて対抗するという姿が見られる。もちろん彼らが土御門家の権威をかりたのは、三河万歳と同様、周囲の農村のいわれなき差別や、えたの頭支配からの離脱（脱賤化）という意味もこめられていたであろう。このほかにも、若狭《わかさ》（現福井県）小浜《おばま》の「三松座《みつまつ》」や尾張（現愛知県）の「和泉屋《いずみや》座」など、中世の雑芸能にたずさわっていた人びとが、歌舞伎役者に転身するが、このような一八世紀の役者集団の成立を、守屋毅は、「点と線でしか結ばれていなかった一七世紀での歌舞伎伝播を、面の広がりにまで拡大させた」と高く評価している（守屋、一九八四）。

北九州の役者村

北九州の役者村もまた、中世からの系譜を引くものが多い。貝原益軒《かいばらえきけん》が伝える「倡優《わざおぎ》」の村としては、筑前（現福岡県）の博多、泊《とまり》、芦屋《あしや》、植木（『筑前国続風土記』）、豊後《ぶんご》（現在大分県）の杵築《きつき》（『豊後紀行』）などがある。このほかにも、豊前《ぶぜん》（現大分県）の北原《きたばる》と下池永《しもいけなが》の「中津芝居」と豊後の高田散所《さんじょ》芝居が有名である。また『筑後地鑑《ちくごちかん》』(一六八二年)には、筑後(現福岡県)の力武《りきたけ》、江上、岩田などの村々について、この村の民は「歌舞伎《ママ》・傀儡《くぐつ》および踊念仏《おどりねんぶつ》を業《わざ》とする者あり」といった記述が見られる。

これらの役者村を区分すると、「寺中《じちゅう》」系のグループと「散所《さんじょ》」系のグループにわかれる。「寺中」とは、「空也上人《くうやしょうにん》を祖とし、専《もっぱ》ら九品念仏《くほんねんぶつ》をのみ修行」する人びとである。いわゆる念仏衆の系譜に属する人びとで、西日本には鉢《はち》、鉢屋《はちや》というものが存在する。これに対して「散所」とは、荘園の一部にある地子《じし》免除地で、貴族や寺社のための供御《くご》奉仕や掃除役、物資の運搬や卜占《ぼくせん》、祈禱・寿祝にたずさわる人びとの居住地を指している。「寺中」もまた、寺院に隷属して境内、寺領に住む下層民という意味がある。博多、泊、芦屋、植木、力武、江上、岩田などが「寺中」系で、中津芝居、高田散所芝居などが「散所」系である。

「寺中」の代表的な事例として芦屋寺中をみると、筑前国遠賀《おんが》郡河口に位置する芦屋は、古くから港町として発展した。江戸時代には「芦屋千軒」と呼ばれた物資の集荷地であった。行政的には町方・浦方・村方の三つに区分され、町方には一六の町と一つの寺中町があった。江戸時代の寺中町の人口は三〇〇人前後、戸数約七〇戸ほどで構成されていた。

芦屋寺中は、一六〇五年（慶長一〇）、住居を金台寺《こんたいじ》の境内から祇園崎の御茶屋跡地に移され、七〇年後の一六七七年（延宝五）には、祇園寺（宮）境内に移って寺中町を形成した。彼らは、「諸公役」が免除されるかわりに、神人《じにん》として祇園宮への奉仕を義務づけられた。そのひとつが、祭礼時の芝居奉納であった。正月会《え》・六月会において、「法楽」（無料の）歌舞伎を奉納した（宮崎、一九九九）。

芦屋寺中の巡業は、筑前藩内を越えて、中国地方にまでおよんでいた。そのことは、一七〇六年（宝永三）、芦屋寺中の清三郎が、巡業中に長府領（現山口県）豊浦郡で病死したことからもわかる。寺中は旅出往来手形を貰い、期間を一年と限って、春秋二度の回国が許された。その場合、人数は数人から二十三、四人で座を編成していた（永井、一九九七）。

一八八一年（明治一四）生まれの芦屋歌舞伎御前座の元役者、山村絹太郎は、「あたしが役者をやめた頃は、まだ芝居の役者は世間から乞食かなんぞのように、さげすまれておったんです。芝居の座を解散にふみきったのも、これが一番の原因ですたい。そん時、あたし達は先祖が役者やったということは、断じて隠し通そうと誓うて、衣裳や小道具、書きものなんか残らず処分してしもうたんです。それは明治三十六年のことでした」と回顧している（野間、一九八二）。

これに対して、「散所」系の代表として、豊前の中津芝居、特に北原村をみておこう。北原の地名の初見は、一五〇七年（永正四）の『永弘文書《ながひろ》』に、北原の弥六という人物の名が見られるのが最初である。一五二九年（享禄二）の同文書には、「陰陽師え契約分」として、薦《こも》八幡宮に属する陰陽師が住んでいたことがわかる。近世の初頭には、宇佐八幡宮の散所から川部村の枝村として農村化している。その後、一六〇四年（慶長九）には、「福嶋村の内踊村、諸役御免」（『梅谷文書』）と書かれており、北原が福嶋村の内で踊り村と呼ばれ、諸役が免除されていたと記録されている。

この踊り村の起源については、一六九七年（元禄一〇）に書かれた『北原村並御前座由緒書』（以下、『由緒書』と略）という文書に、次のような伝説が書かれている。最明寺北条時頼が諸国巡検のときに、大江郷湯屋村で発病したのを、散所の阿部大内蔵を呼んで全快させたので、お発ちのときに、鎌倉へ来れば何なりと願いを聞き届けてやる、と扇子に書いて帰った。そこで、大内蔵が鎌倉に行って、「西国一行執行者の司」に任じて欲しいと願い出て許可された、という話である。

そのときに、「時頼の快気祝いの席で、村人が手の甲に目鼻をかき、袖口からのぞかせて人形のごとく踊らせた」のが、傀儡《くぐつ》舞いだとされている。ここでも、安倍清明とつながる土御門家の権威をかり、自分たちが陰陽師触頭か散所太夫になった、という伝説をつくっている点が興味深い。

北原村が、一六〇四年に諸役御免になったのは、一六〇二年の細川三斎の小倉築城のさい、天守土台を踊り鎮めた功績によるものだとされている（『由緒記』）。北原の傀儡は、当時すでに「操り」をもって各地を巡業し、「木偶《でく》」人形を操ることによって、城下の罪障をはらい、また江戸時代初期の土木工事に流行した「風流《ふうりゅう》」を演じていたものと思われる。

一六二二年（元和八）の『小倉藩人畜帳』によると、福嶋村は高二八〇石で、一二軒の百姓家、四軒の名子《なご》と四軒の踊り子が居住し、長久寺に六軒の寺中屋がいたことがわかる。寺中屋とは、「寺中」のことであり、北原の場合は、散所の陰陽師と寺中が一緒に住んでいた。椛田《かばた》美純は、「北原散所は、大貞八幡社に属し、宇佐八幡宮という領主に依存していた中世までは、地子免除の散所内に『くぐつ』を生業としていた人々が住み、これを核として陰陽師や寺中の雑芸能の人々が集まっていたのだろう。近代にも北原では時季に応じて陰陽師系統の万歳、春駒、大神楽に出る人が居た」としている。

江戸時代になっても、役者村は領主の保護を受け、扶持米《ふちまい》を貰っていた。幕末の記録で

図11　1950年代の北原の人形芝居（半田康夫「傀儡から役者へ」より）

はあるが、一八四七年（弘化四）の『御領中御役高』によると、嶋田村が三二石三斗一合、中原村が一七石六斗六升、北原村が一三三石六斗五升五合の「踊り子高」を受けている。そのこともあって、一八七二年（明治五）の北原村では、全戸数一六一戸の内役者稼ぎは一三八戸、八六％にものぼる。歌舞伎は八座、人形芝居は九座を数えている。図11に、一九五〇年代の北原の人形芝居の写真を載せておいた。

それでは、いつごろから北原に歌舞伎が入ってきたのであろうか。『北原村由緒記』によると、「只今の歌舞伎は、近き頃、出雲丞参り候て踊りを教え、かりそめに習い候より家業の様に成り来たり候」と書かれている。元禄時代よりそう古くないとき、竹田出雲が来たとは考えられないので、守屋毅の言うように浪人役者が伝えたのであろう。ここでも、中世の雑芸者の村から江戸時代の役者村への転換が見られる（椛田、一九八六）。

もちろん役者村への差別は強く、通婚圏を見ても、一八七二年は村内が九一％であるが、それが七三年から八七年で六九％、九七年から一九二六年で三九％、二七年から五一年で一〇％と、「役者村」という性格が衰退していくに従って、村内婚は減少していっている（半田、一九五三）。

相撲の世界

四季勧進相撲体制の成立

従来、職業相撲の発生を、戦国時代が終わって、職を失った武士が、相撲を生業として全国をまわるようになり、職業相撲が生まれた、と説明されることがある。しかも、相撲は柔道・剣道・弓道とならんで、「武道」のひとつと考えられることがある。しかし、新田一郎は、「相撲を『武士のわざ』『武道』とする見方は、案外に根の浅いものなのかもしれない。じつはそれは近代の産物なのではないか、と私は考えている」としている（新田、一九九四）。

相撲の歴史を、日本神話や平安期の相撲節《すまいのせち》にもとめる議論があるが、今日の塩と水と丸土俵のある相撲ができたのが一七世紀前半、神明殿の屋根にいたっては一九三一年である。

織田信長の相撲好きは有名で、『信長公記《しんちょうこうき》』などによると、「国中の相撲取り」を集めて、上覧相撲をもよおし、勝者のなかから相撲人《すまいびと》を武士に取り立てている。しかし、これは武士が相撲をしているのではなくて、相撲人の幾人かが取り立てられて武士になった、という話である。

このように、中世でも相撲の主役は、武士ではなくて職人としての相撲人であった。中世末期の相撲人は、最大のマーケットである京都周辺を本拠地として全国を巡業する者と、大名に召し抱えられる者とがいた。もちろん彼らは、相撲集団中のエリートであり、このほかに地方の寺社の祭礼を副業としてつとめる者や、あるいは辻相撲《つじすもう》、野相撲《のずもう》に参加するアマチュアの相撲人などもいたであろう。

京都周辺では、一四一九年（応永二六）一〇月に、京都郊外の山城国伏見郷で、法安寺《ほうあんじ》造営のための勧進相撲がもよおされている（『看聞《かんもん》日記』）。一五九六年（文禄五）の成立とされる『義残後覚《ぎざんこうかく》』には、「京伏見はんじやうせしかば、諸国より名誉のすまふ（相撲）ども到来しける」と書かれている。その後、勧進相撲は一七世紀に入ってもおこなわれるが、一六四五年（正保二）、鴨《かも》の糺《ただす》ノ森で一〇日間の興行が打たれたのを最後に、元禄年間まで中絶している。大坂では、寛文年間（一六六一〜七三）に、小作兵庫《おざくひょうご》という人物が恵比寿島《えびすじま》で興行したという記録がある。

江戸でも、一六二四年（寛永元）に四谷塩町《よつやしおちょう》笹寺で、後に初代横綱とされる明石志賀之助《あかししがのすけ》が、晴天六日の興行をおこなったのが最初とされるが、根拠は定かでない。寛永年間に勧進相撲がおこなわれていたことは確かだが、確実な記録は、一六四八年（慶安元）の勧進相撲禁令後の一六八四年（貞享元）まで下がる。

幕府は、一六四八年二月、「勧進相撲とらせ申すまじき事」という触れを出している。これは、相撲取りの下帯に絹を使うことを禁止していることからもわかるように、翌四九年二月に出される「慶安御触書」につながる奢侈《しゃし》禁止政策の一環でもあった。さらに三ヵ月後には、「辻相撲取り申すまじき事」として、市中の四辻などでおこなわれていた辻相撲も禁止される。

勧進相撲禁止令後、武家屋敷の抱えこんだ力士の相撲だけが許されていたが、民衆の娯楽要求が高まるにつれて、幕府はその申請の理由が、公共のためになるものだけを許可する方針をとった。京都での勧進相撲の再開は、一六九九年（元禄一二）の岡崎天王社《おかざきてんのう》修復のための七日間の勧進相撲で、その後一七一六年（正徳六）まで一七回の勧進相撲を京都町奉行所は許可している。しかし、これは寺社の修復や、道路の改善、あるいは町の困窮救済などの資金調達に限られたものである。

大坂でも、町の繁栄のための勧進相撲が許可されるのは、一六九一年（元禄四）の堺の海船町《かいせんちょう》が最初で、市中では一七〇二年（元禄一五）に堀江新地《ほりえしんち》の興行が初見である。これを大坂の勧進相撲の最初とする意見もある。

江戸では、『相撲家伝鈔《かでんしょう》』などによると、一六八四年（貞享元）に、雷権太夫《いかずちごんだゆう》らが寺社奉行本多淡路守《ほんだあわじのかみ》に願い出て、深川新開地繁昌を名目に八日間の勧進相撲を挙行している。ここでは、寺社修復などの名目を立てずに、「渡世のため」と明記し、寺社奉行の内寄合で許可されるようになった。それまでの老中に伺いをたて、評定所《ひょうじょうしょ》で決める方式よりははるかに簡素化され、一六八四年以降は毎年、元禄の末ごろには、年に二〜五回程度、勧進興行相撲が許可されるようになった。

こうして一七世紀の末期から一八世紀初頭にかけて、三都の勧進相撲は盛んになるが、それにはもうひとつの前提があった。江戸時代の初頭に各藩が抱えていた力士が、財政逼迫を理由にリストラされるようになったのである。職を失ったり、俸禄を削減された力士たちは、各地の勧進相撲に参加するようになり、勧進相撲のレベルを向上させていった。

三田村鳶魚《えんぎょ》は、「屋敷方の相撲取を町の興行に貸して下さることは、元禄の半ば以後にはじまった」としている（三田村、一九三八）。このころは、町人が興行主となり、各地の相撲取り集団と交渉して、興行を打つようになった。

しかし、一七一一年（正徳元）に幕府は再び次のような触れをだした。

町々において、町人ども相撲取りをお抱え置き、寄せ集め、相撲を取らせ候の由《よし》、相《あい》聞《き》こえ候。定めて実の相撲取りにてはこれなく、火事などのため鳶《とび》のものなど抱え置き、右たぐいのものに相撲とらせ候にてこれあるべく候えども、町人に似合わざる事に候あいだ、向後《きょうご》相止め候よう、町中きっと相触るべく候。

「実の相撲取り」というのは、武家の屋敷のなかでの相撲取りのことであり、町人が「勧進」を名目にして渡世の資をかせぐ相撲を禁止したのである。幕府は一七一七年（享保二）に、若干禁止を緩めるが、それでも翌一八年から三四年（享保一九）までの一七年間で許可された勧進相撲は一一回、不許可は一一回であった。一年に一回も勧進相撲が開けないことに不満をもった江戸の民衆は、夏の夜の辻相撲を復活する。この政策は、享保改革の勧進（富突《とみつき》興行など）禁止と結びつき、一七一六年（享保元）から二〇年間、ほとんど江戸では勧進相撲が開けず、相撲渡世が京都や大坂に移っていった。

一七四二年（寛保二）には、全般的な勧進の制度化がすすみ、相撲の者も勧進を申請した。翌四三年に、触れで勧進相撲の復活を示唆するが、町奉行所は認めようとしなかった。しかし、四四年（延享元）には、寺社奉行の問いに老中が答え、勧進相撲は申請通り自動的に認められるようになった。江戸において勧進相撲は定期的に開催される体制ができあがり、相撲集団も安定した。

この一七四四年ごろから、京都や堺でも勧進の名目が落ち、申請主体も寺社や町年寄ではなく、相撲取りが申請者になる、という変化が生まれている。そして、江戸で「春秋二度」、「夏は京、秋は大坂にて興行す」（『東都歳時記』）といわれた、三都の相撲渡世集団による四季勧進相撲の体制ができあがった。

えた争論と相撲故実

延享から寛延期（一七四四〜五〇）に、四季勧進相撲体制が成立してくると、勧進相撲の勧進元＝興行主に、一般の興行師と思われる町人の名前が見られず、現在も年寄株として存続している名前でしめられるようになってくる。この年寄たちは、四季勧進相撲以外に、村落でおこなわれる祭礼相撲に弟子たちを派遣するさいにも、契約の主体となった。

この年寄を中心に編成された相撲集団にとって、次の争論は重要な意味をもっていた。一七五八年（宝暦八）の武蔵《むさし》国（現東京都）多摩《たま》郡「八王子《はちおうじ》村出入り一件」という争論である。五八年、八王子村において相撲年寄玉垣額之助が晴天五日の相撲興行をおこなったところ、八王子周辺のえたが見物に来た。相撲側がえたの見物を排除すると、口論になって三日間で興行を打ち切り、玉垣らは江戸に帰って、町奉行所に訴えでた。奉行所の吟味《ぎんみ》役中村八郎右衛門は、相撲側の行司木村庄之助の語る相撲故実を取り上げ、えた頭弾左衛門に、えたの相撲見物の禁止を命じて請証《うけ》文を書かせた。

実は、この事件の起こる前、一七二九年（享保一四）には伊豆三島神社で、三九年（元文四）には駿河国府中などで、えたと勧進相撲との争論が起こっていたのである。えたの側は、歌舞伎の「櫓銭《やぐらせん》一〇分の一」と同じで、相撲でも一定の銭貨の徴集と無料入場の特権を主張した。この弾左衛門の「河原巻物」に対抗してだされたのが、「相撲故実」であった。

この事件は、歌舞伎の「勝扇子」事件と同じように画期的な意味をもっている。幕府は弾左衛門たちの権威を弱めるために相撲年寄に勝訴をあたえ、相撲は賎民の支配から離脱していくが、「弾左衛門支配の人たちに対する社会的な差別は一歩深められた」（高埜、一九八九）。

行司の木村（中立）庄之助が語った「相撲故実」とは、肥後国（現熊本県）の吉田善左衛門家に伝わるものである。木村らは、一七四九年（寛延二）に、吉田司《つかさ》家に入門している。吉田家の祖先は、越前出身の武士で、木曾義仲の家来であったが、相撲行司の祖である志賀清林《しがせいりん》の故実作法を伝えて、後鳥羽院が相撲節を再興したときにも召されて行司をつとめ、追風の号を賜ったとしている。その後も、幾度か朝廷に召され、一六五八年（万治元）に細川家へ仕え、武家のための行司をつとめながら、代々行司・力士への免状をだしている。

もちろん、この故実のほとんどは虚構であろうが、中世末からの相撲行司の家としては、木瀬蔵春庵、木瀬太郎太夫、岩井播磨、岩井団右衛門、木村茂助、吉田虎之助、長瀬善太郎、尺子茂太夫、木村喜八、式守新八、木村円平らがいた。このなかで、なぜ特に吉田家だけが頭角をあらわすことができたのであろうか。高埜利彦は、「吉田善左衛門家は、細川家の後押しと、そして何よりも木村庄之助・伊勢梅（式守）五太夫の弟子入りを受けていた江戸相撲渡世集団の隆盛（谷風・雷電時代）を梃子《てこ》にして、寛政元（一七八九）年、由緒を幕府に上申しその公認を求めようと試みた」（同右）として、一七五八年のえた争論の画期性を強調する。

これに対して新田は、高埜の主張に依拠しつつ、「相撲故実の体系が、吉田司家のもとに一元化されてゆくのは、相撲における正統と異端、専門力士の相撲と素人相撲（土《ど》相撲《すもう》）とを弁別する基準が形成されてゆくことを意味する」とした。地方の相撲がまた、「吉田司家を頂点とした一元的な故実伝承、相撲集団システム」に組み込まれていった。ただ、長瀬越後家が吉田司家とは違う故実を主張したり、土佐相撲のように、「髪をつかむことが許されている」など、独自の相撲ルールを持つ相撲も存在したことを指摘している（新田、一九九四）。

女相撲と座頭相撲

女相撲の歴史もまた、『日本書紀』の四六九年（雄略天皇一三）に、采女《うねめ》（下級女官）を裸にして相撲をとらせた、という記録から始まる。しかし、図12のような江戸の興行女相撲の最初は、一七四四年（延享元）かその直前、江戸の両国で誕生し、その後四半世紀ほど、女力士だけで相撲をとっていた。しかし、一七六九年（明和六）に座頭《ざとう》（盲人）相撲が現れ、上方では同時期に女相撲が生まれるが、そこで女力士と座頭が相撲をとるようになった。明和年間（一七六四〜七一）の成立と思われる螺女散人《らじよさんじん》の『つれつれ飛日記』のなかで、一七六九年の京都の女相撲の様子が、次のように生き生きと描写されている。

ちかごろ、大坂の難波新地《なんばしんち》で女同士のすもうを興行したところ、ことのほか流行った

図12　女相撲（『空音本調』より）

由である。いろいろうわさを聞くが、たとえすもう取るとしても、よもや女子《おなご》が裸にはなるまい、と思っていたのだが、六月六日から、西洞院高辻《にしのとういんたかつじ》の菅大臣の社内（菅《かん》大臣神社《だいじんじんじゃ》）で女の相撲が始まった、と聞いたので、これは珍しい、是非見よう、と行ったところ、土俵の造作すべて普通の相撲と同じように作り、拍子木を打って土俵入りが始まる。真っ先に行司、これも女子である。桔梗《ききょう》の帷子《かたびら》に茶の絽《ろ》の上下を着て、唐国扇を持って出る。その後に力士たちが、いずれも女である。もちろん丸裸にふんどしをして出てくる。東西とも同じである。（中略）さてこの相撲取り、力士たちだが、まだ見ぬまえに思っていたのは、女を裸にしたら、ふんどしは不都合だろうし、ことに全体がいやらしく、クニャクニャとして変なものだろう、と思ったのだが、さても予想と違って、各女力士たちは骨柄も逞しく、まして男よりも尻が大きいから、ふんどし四ツ結びの「あふり」が至極見事である。髪は左右ともに鬢《びん》を出し、髱《たぼ》は出していない。ただ、前髪は相撲取り風に仕立てて、髷は島田に結っている。この元結いを沢山巻いていて、本当に男の相撲取りのようだ。

と書いている（現代語訳、雄松）。作者の叙述を見ても、巷間《こうかん》に言われているほど、好奇の〈まなざし〉で女相撲を見ているとも思えない。江戸時代には性や裸体に対してはおおようで、女性の裸体を「性的な身体」としてとらえるのは、近代以降に創出された〈まなざし〉である。

このほかに、和泉式部寺、御影堂《みえいどう》、四条河原、方広寺大仏殿の正面などでも、女相撲がおこなわれていた。女相撲の大盛況である。そして、「大坂では女と盲人と合わせたそうだが、京都では許可が下りず別々にやったが、双方とも大当たりで、ことに女の方はついに差し止められたのだが、盲人とはいえ男ばかりのはかまいもなく、涼み中も川原で興行して、大変流行した」とあり、座頭相撲もおこなわれていたことがわかる（雄松、一九九三）。

三田村鳶魚《えんぎょ》は、「相撲に見世物の気持ちが出てまいりましたのは、明和年間からのように存じます。この頃には女相撲も起り、盲人と女との相撲などというものも、大変はやっております」として、このころから女性の見学が許され、怪力少年大童山文五郎のような、子供の相撲取りさえでてくることを指摘している（三田村、一九三八）。しかし、一八世紀の後半には、上方と江戸で女相撲、盲人対女相撲が禁止されるようになった。

だが朝倉無声の『見世物研究』（一九二八年）によると、「文政九年（一八二六）の冬から、江戸西両国広小路で興行した盲と女の相撲は、いずれも大坂下りの手取り者であるし、久々の興行であったから、連日永当《えいとう》〳〵の大入りであった」としている。そして、「嘉永元年（一八四八）の春から大坂難波新地で、名古屋上り女相撲の興行があった。従来の女力士は、島田や丸髷《まるまげ》に結っていたが、これは又思い切った男髷勇ましく、華美の廻しを〆込み、美声で甚九節の手踊に観客を呼んで、大当りを取った」とある（金田、一九九三）。この幕末に復活した女相撲が、再び明治初年に禁止される。

文明化・帝国化のなかで

開化と差別

明治維新と万歳

禁裏《きんり》に参内していた、猿まわしや大和国（現奈良県）北葛城窪田や箸《はし》尾《お》村から来ていた千寿万歳《せんずまんざい》は、一八七一年（明治四）正月五日を最後に、現れなくなる。これを高木博志は、「宮中における神仏分離が急激に進む」ことによって、「神道国教化政策の展開により、宮中の内部から仏教的要素を排除するとともに」、「呪術的な宗教の要素も一掃され」たとする（高木、一九九七）。ここには、陰陽道《おんみょうどう》をふくめた、近代の「聖」と「賤」の転換の問題がある。

これを、まず三河万歳の問題からみておこう。明治維新は、幕府や土御門家の支配と保護を受けていた、三河万歳にとっても大きな転換であった。一八六八年、西別府村の万歳師たちは、三河県役所に対して、これまで通りの巡回を許して欲しいという歎願書《たんがんしょ》を出している。このときに、往古からの万歳の由緒を説いているが、「権現様（徳川家康）、参州御在城の砌《みぎり》」といった箇所は削除されている。

翌六九年の「差上申《さしあげもう》し請書《うけしょ》」では、宛先が「土御門家殿御役所小頭《こがしら》様」となっており、幕府の支配からは離れているが、土御門家の支配は続いていたことがわかる。職札も、七〇年までは出されていた。しかし、同年暮れには、土御門家による万歳支配は終焉《しゅうえん》している。

一二月一九日に豊橋藩庁から、今後、万歳師の官服着用、帯刀、配札および万歳勤めを禁止する、という申し渡しがなされたのである。万歳勤めの禁止というのは、万歳師にとって死活問題であり、彼らは幾度か藩庁に歎願した。藩庁は、「羽織・袴《はかま》にて管内は苦しからず候得共《そうらえども》、藩中は禁ぜられ候」といった、妥協的な返事をだしている。しかし、万歳師たちは、「藩の中でできないということは、その影響がでて、自然と農民にいたるまで同様になるのではないか」といった不安をいだき、別所万歳が、土御門家から岡崎藩庁を通して維新政府に許可を得ているので、同様に土御門家から豊橋藩庁に許可を得て欲しいという願いを、再度土御門家に出している。この歎願書からは、正月を前にして土御門家に必死にすがっている万歳師たちの姿が彷彿とする。

しかし、すでに土御門家は、藩庁によって万歳支配を分断されており、江戸時代のような統一的な万歳支配をおこなう権威を失っていた。この歎願書に対して、土御門家は、「往古より御配下にて仕来の儀、御変革に相成り難渋の旨《むね》暮々《くれぐれ》察入《さっしいり》候《そうろう》、もっとも万歳職ばかりではこれ無く、陰陽道も同様にて」と、陰陽道自体が廃絶する危機があることを述べている。そして、万歳師たちには、「その庁よりの御達《おたっし》を堅く相守り、神妙の心得専要に候」と、藩庁の達をよく守るように説いている。

このように、伝統的な土御門家の万歳支配は一度解体し、新たな万歳が起こってくる。一八七一年、万歳の廻勤のために上京していた、森下万歳の若杉靏太夫《つるだゆう》・福太夫の両名に、大原三位卿の招待があり、祝福芸を演じて満足させた。そこで大原は、万歳師に一八の公卿家を紹介した。その後、御所内二位の局への参内も許され、さらに二八家の公卿家への参殿も許された。

一八七三年（明治六）一一月には、明治政府による万歳廻勤の許可がおり、翌一二月には、政府から土御門家が発行していた職札を参考にした、「法則」が出されている。これは、一年かぎりであろうが、伝統的な三河万歳は終焉して、明治政府による新しい編成に組み込まれていった。

七六年には、「天朝を始め、諸省諸官員様」へ万歳祝儀を申し上げるので、「従前の通り、諸国入場所、万歳、祝祭として廻勤仕度《つかまつりたく》」と、当時の愛知県令安場保和に願い出ている。このとき、従来どおり東京や信濃をはじめ、武蔵・下野・上野・磐城《いわき》（現福島県）などの廻勤を同時に願い出ており、このことからも土御門家の「江戸役所」の支配が解体していたことがわかる（前掲図4参照）。いずれも願いは受理され、三河万歳は「愛知県御免」の万歳となった（鈴木、一九九二）。

『三河万歳由来記』によると、一八八六年に万歳教会を結成し、万歳師は神道教導職となり、万歳楽は神道泰楽と改称されるようになったと記されている。図13に見られるように、万歳師の装束も神道のものに変わっていった。向かって右側が太夫、左側が才蔵であるが、前掲図3の江戸時代の万歳と比べても、太夫の衣装が大紋《だいもん》ではなく、神官風になっている。

森下万歳は、吉良《きら》町小山田の大沢多紋の指導で、「万栄教会」と改称した。八七年から八九年に体制が整備され、八九年からはほとんどの檀家帳が新調され、その表紙には「神道万栄教会結社帳」と書かれている。万歳師たちは、八六年から神道職となり、檀家は講

図13　明治時代の万歳師（石黒コレクション保存会蔵）

社員と改称され、結社簿ごとに万栄教会の支部が結成されていった。

一八七七年に、栃木県では万歳禁止の布達がだされていたが、八九年三月には、小山田村の神道万代教会訓導の大沢多紋らは、「万歳の儀に付き御伺い」を、栃木県知事樺山資雄《かばやますけお》宛にだしている。同書によると、「その行状一切神道の教規に遵《じゅん》じ、敬神家の信仰に応じ、各自座敷にて神床を拝し」と、その神道的性格が強調されて、万歳の解禁を願っている（西尾市史編纂委員会、一九八〇）。

伝統的なホスピタル機能の解体

江戸時代の近畿農村で、虚無僧《こむそう》、浪人、座頭など「勧化《かんげ》」の人びとが、三ヵ月に「三百数十人」来ていたという報告がある（藪田、一九九四）。もちろん近代でも、山村にくる「まれびと」として、巫女《みこ》、修験者、札売り、春駒《はるこま》、大黒舞《だいこくまい》、神楽、万歳、猿廻し、巡礼、瞽女《ごぜ》、座頭、人形芝居、芝居、浪花節《なにわぶし》、箕直《みのなお》し、漆掻《うるしか》き、鍛冶《かじ》、鋳掛屋《いかけや》、屋根葺《ふき》、木地屋《きじや》などがあげられている（鈴木、一九三八）。

町村「共同体」は、この「異人」たちを歓迎し（時には「異人」殺しもおこなうが）、彼らから生活に必要なさまざまな情報や娯楽を得て暮らしていたのである。なにより町村「共同体」は、えたや非人・「雑種賤民」を排除するだけではなく、刑吏や「穢《けが》れ」を浄める芸能民として扶養するという側面をもっていた。しかし、その町村「共同体」の「自治」や扶養機能は、「解放令」などの上からの近代的「改革」によって、急速に解体されていったのである。

飾磨《しかま》県（現兵庫県）では、一八七二年前後から、非人番を「村町に抱え置」き、「祝儀・不祝儀の節、米銭を貰い請け、あるいは祭礼・一人寄場等にて出店商人より品物又は金銭を取り立て」るといった「弊風」を厳禁している。豊岡県（現兵庫県）でもまた、同年の捕亡吏（巡査）の設置のさいに、捕亡吏への「苞苴《ほうしょ》」（＝贈与）を厳しく禁じている。

明治の初年には、「諸勧進・物貰い」が禁止されるだけではなく、石川県では「乞食狩り」までがやられ、中国地方では、「山家《さんか》」といわれていた山の民が、窃盗、強姦、殺人、放火などをおこなう「人類をもって、これを視るべからざる者」として、「山家狩り」にあっている。しかも、彼らは戸籍に編入され、「授産所」や「流民集所」で、「日本人」化されるための規律化や訓練を受けている（今西、一九九八）。

これは近代国民国家が、町村「共同体」のもつ自衛や警察権などを奪い、「公共性」を国家の側に独占する施策でもあった。そして、広域的・行政的な警察制度をつくり、一人ひとりの民衆を「日本人」化＝「国民」化するための前提でもあった。

また、言葉に敏感な柳田国男のような民俗学者は、日本列島の半分では、「モノモライ」という言葉が、眼病を指す言葉になり、乞食を指すようになっているが、伝統社会の「物乞い」には、多様な意味があると指摘をしている。柳田の次のような発言は興味深い（柳田、一九三五）。

相州津久井地方の七軒乞食は、所謂《いわゆる》モノモライの別名であって、七戸の家から麦の粉をもらって来て、焼き物にして食うと瞼《まぶた》の腫物《はれもの》が治ると謂《い》って居るが（内郷村話）、信州諏訪などでは独りメッコジキに限らず、橋を渡らずに七軒から米を貰って来て、一人で炊いて食べると瘧《おこり》が落ちるといい、同北安曇《きたあずみ》郡の七軒もらいは胸の痛みの療法であって、七軒からボヤ（枝薪）を貰って来て、それで飯を食うことである。紀州の有田郡では正月十五日に限って、谷や橋を渡らずに七軒をまわり、この朝の粥《あゆ》をもらって食べると、難治の持病も治ると信じていた（有田郡年中行事）。

このように、各地に「七軒乞食」や「百家飯《ひゃっかめし》」といった、物乞いの慣行があり、これは物乞いによって病気が治るという「贈与」の関係であって、その行為自体は、近代的な意味での差別とは違っていた。しかし、「物乞い」という言葉そのものや、それをおこなう「異人」たちへの〈まなざし〉は、「近代」になって大きく転換している（今西、一九九九八）。「異人」たちのマジカルな力に対する、畏怖《いふ》の観念は衰退し、近代的な衛生観念の発達もあって、ただ彼らを〈汚い〉〈不潔〉な存在として意識する〈まなざし〉に一元化されていったのである。

マックス・ヴェーバーは、有名な『プロテスタンティズムの倫理と資本主義の精神』という本のなかで、プロテスタンティズムにとって、「労働能力のある者が乞食をするのは、怠惰として罪悪であるばかりか、使徒の語に照らしても、隣人愛に反することがらだった」と語っている。近代社会とは乞食の住めない社会であり、その意味でも「鉄の檻《おり》」であるとしている（ヴェーバー、一九二〇）。カール・マルクスもまた、このような人びとを「ルンペン・プロレタリア」と呼んで蔑《さげす》んでいる。

「国家に益なき遊芸」

しかし、江戸時代の身分制の解体が急激であった近代日本が、なぜ「聖なるもの」と、「賤なるもの」との差別の激しい社会になっていったのであろうか。紙幅の制約もあるので、ここでは一、二の例だけをあげる。「ほかひびとの末裔」である江戸の歌舞伎役者たちは、「賤視の対象となり、居住地」の制限など、いくつかの差別を受けていた（徳永、一九九八）。「『河原者《かわらもの》』『河原乞食』『芝居者』『制外者《にんがいもの》』などなど、さまざまな蔑称を与えられて、蔑視されつづけながら、悪所において彼らは英雄であ」ったが（服部、一九九三）、下層の役者たちは、男色を生業として生活していた。
文明開化期には、彼らは「国家に益なき遊芸」として、幾度か取り潰しの危機にあっている。その代表的な事例が、一八七二年二月下旬の次のような東京府の通達である（「新聞雑誌」）。

猿若町三座太夫元《たゆうもと》および作者三名、府庁へ呼び出され、この頃貴人および外国人も追々見物に相成り候については、淫奔《いたずらごと》の媒《なかだち》となり、親子相対して見るに忍びざる等の事を禁じ、全く教えの一端と成るべき筋を取り仕組み申すべきとの御諭《おさとし》ありたり。

というものである。呼び出されたのは、座主の守田勘弥《もりたかんや》や作家の河竹新七（黙阿弥《もくあみ》）や桜田治助たちだが、「貴人および外国人」の見物というのは、新しい見物者の誕生である（今尾、一九九七）。
しかし、日本に来ていた外国人は、こぞって日本の芝居や見世物の低俗・野卑《やひ》を問題にしている。福井藩のお雇い教師として来日したウイリアム・エリオット・グリフィスは、一八七一年四月一二日、福井市内の芝居を見て、「見物人の関心が集まるのは血まみれの場面で、その時、首、胴、血、手足が舞台にちらばっている」（『明治日本体験記』）と語っている。

また横浜にいたジョン・レディ・ブラックは、七二年三月、神田橋近くの見世物小屋に入るが、そこでは、一〇〜一二歳ぐらいの少年が、演台の下から兎の死骸を取り出して、生のまま食いちぎる姿や、「ヤレ突けそれ突け」（前掲図6）を見て、ショックを受けている（『ヤング・ジャパン』）。そこで、彼の発行していた『日新真事誌《にっしんしんじし》』第一号には、「両国、浅草など群集の地には、種々の見世物ありて、驚くべき倫理を乱せし野蛮の風習あり。はなはだしきに至りては、公然として女の陰物を見世物にし、あるいは身体障害者を衆人に示して玩楽とするものあり。人間をして畜類同様に扱うは日本教化の正しからざる、文明国の人愕然として失望するところ」（七二年三月一七日）といった記事が書かれている。

その影響もあってか警察が動きだし、「三日か四日のうちに小屋掛けは一掃された。それ以来、東京のどこにも、こんな不快なものは許されなかった」としている（『ヤング・ジャパン』）。裸体禁止令と同様、外国人の文明の〈まなざし〉が、まず見世物の「グロテスク・リアリズム」を問題にしている。

確かに、文化文政期以降の歌舞伎では、「あらわな輪姦の場が」とびだしたり、「裸同然の二人が一つ夜着にくるまって『口を吸う』ところも見せて」いた。観客も、「名古屋の話になるが、『尾張芝居雀』に、開演中に客席で『交合』に及んだ男女がいた由が出てくる」。『世事見聞録』の作者武陽《ぶよう》隠士が、「男女の間、戯れ狂う体」と嘆いたのは、決して誇張ではなかった。しかし、それが「『悪場所』が誇る『悪』の面目」でもあった（守屋、一九九二）。

これに対して、教部省は、一八七二年八月二三日、次のような有名な布達をだしている（「公文録」）。

一、能狂言以下演劇の類《たぐい》、御歴代の皇《すめらぎ》を模擬し、上《かみ》（天皇）を褻瀆《せっとく》（けがす）し奉り候体《そうろうてい》の儀これなき様、厚く注意いたすべき事。

一、演劇の類、専《もっぱ》ら勧善懲悪を主とすべし。淫風醜態《いんぷうしゅうたい》の甚だしきに流れ、風俗を敗り候様にては相済まず候間、漸々《ぜんぜん》風化の一助に相成り候様、心掛けるべき事。

一、演劇その他、右に類する遊芸をもって渡世いたし候を制外者などと相唱え候従来の弊風これあり、然るべからざる儀に候条、自今は身分相応行儀相慎み、営業致すべき事。

天皇家を冒瀆する芝居や「淫風醜態」が禁止され、「勧善懲悪」が奨励されるが、これは後に、『朝野新聞』の成島柳北《なるしまりゅうほく》によって、「劇場《しばい》は理屈を講ずべき教堂にあらず、また、放蕩を学ぶべき青楼にもあらず。ただ心目を楽しましむるの観場なるのみ」（「劇場私言」）といって、演芸の道徳化が批判される。布達の最後に、「身分相応行儀相慎み」と言っているのは、「解放令」以後、芸人たちの横柄な振る舞いが問題になっているからである。

これを受けて京都では、中村正直《まさなお》の『西国立志編』や「大塩実伝記」などといった、「実伝演劇」を上演するが、二年と続かなかった。大阪でも、歌舞伎や文楽の配役名に実名が登場するようになり、歌舞伎や人形浄瑠璃は新開地松島に移転させられた。歌舞伎は半年で見限り、三年で撤退したが、人形浄瑠璃は移転に一〇年かかった（倉田、一九九九）。

村芝居の改編

官主導の演芸改革は、ことごとく失敗するが、歌舞伎・人形浄瑠璃とともに大きな犠牲を強いられたのは、見世物や村芝居の世界であった。一八七三年（明治六）、後に演劇改良運動を主導する松田道之《みちゆき》は、滋賀県令当時、「頬を絵取《えど》り、眉毛を落としなどし、芸技を働くは、実に人間の所作《しょさ》と云われまじく」といった、厳しい口調で村芝居の撲滅をはかっている（『琵琶湖新聞』）。

守屋毅が調査した、赤城山麓の村々では、幕末から明治初年にかけて、「勧農祭」と称して、さかんに村芝居がおこなわれていた。前橋藩（現群馬県）では、一八六七年（慶応三）の新城竣工の人足徴発の代償として、「勧農祭」を許可するようになった。この地域では、六九・七〇年ごろに、次々と農村舞台が建築されている。

ところが一八七二年になると、群馬県庁は、次のような通達をだした。

近年、町村神事に事寄せ、子供手踊り等致し度趣《たきおもむき》、願い出候得共《そうらえども》（中略）、右子供手踊りは名目のみにして、芝居狂言等興行致し、それがため数十日の間、農商の家業に惰《おこた》り、終《しまい》に遊惰の習俗に染み、往々無頼《おうおうぶらい》の子弟もこれあるやに相聞こえ、全国の風化、各村の貧富にも関係致し、もっての外、相済まざる義に付き、以来、手踊りその外、多人数打ち寄り、猥《みだ》りケ間敷《がましき》義は一切禁止せしめ候条。

江戸時代にも、農村芝居の禁令はでるが、これは農民が「かくれ芝居」という無許可の芝居をおこなって、かなり有名無実なものにしている。ところが、維新後の村芝居禁止令は、かなり実効をともなったようで、横室村の衣裳の貸し出しは、七三年から一〇年近く、中断してしまっている。もちろん「かくれ芝居」が存続したことは、聞き取りからも確認できている。

守屋は、一八七二年に政府が芸能者に「鑑札《かんさつ》制度」を実施したことを重視する。鑑札制度そのものは、芸能者の統制や課税のために出されたものであるが、「芸能活動をおこなおうとするものは、すべて鑑札を必要とし、鑑札を持たないものの芸能活動いっさいを違法としたのであったから、素人の、したがって無鑑札の農民が演じる村芝居」は違法とされるようになったのである。そこから、明治の村芝居が、しだいに農民自身が演じる地芝居・地狂言から、外から役者を連れてくる買芝居・請《うけ》芝居が主流となっていったのである。

しかし、逆にいえば、農民が歌舞伎をおこなおうとすれば、鑑札を取ればよいことにもなり、「鑑札制度は、農民が役者になる合法的な方途を明示」したことになり、「村芝居が村という単位から遊離していく傾向に拍車をかけ」た。赤城山麓では、村芝居出身者の歌舞伎集団が、特に表面化してくるのは明治に入ってからである。明治一〇年代に、北橘村の中村萩之丞一座、下野田の松本錦枝一座などが活躍している（『勢多郡誌』）。

彼らは、一座を組んで村々を巡回し、「買芝居」として村に招かれているが、「地芝居」の振り付け師としても雇われ、生計を立てていた。そして、一八九九年には、彼らが連合して「翁講《おきなこう》」という組織をつくり、「地芝居規則」をつくっていった。これに参加したのは、役者や義太夫語りから衣裳業者・化粧師まであわせて総勢八〇人余りであった。

先述した兵庫県の高室《たかむろ》の「役者村」でも、宝暦年間（一七五一～六三）以前から地方巡業をおこなっていたが、その周辺の役者たちが多数の地方歌舞伎の集団をつくっていくのは、幕末から明治初年であった。このように、明治維新前後に地方歌舞伎の集団のなかで改編が始まり、農村歌舞伎は地方の小劇団の手にゆだねられるようになり、地狂言から買芝居を中心とするように変化していった。明治政府の政策は、それを促進するものであった（守屋、一九八八）。

演劇改良運動

明治維新になって、歌舞伎を改良したいという願いは、役者や作者のなかからも切実に生まれてくる。河竹黙阿弥《かわたけもくあみ》ら作者の苦悩については多くの研究があるので、ここでは九代目市川団十郎の側からみておきたい。

団十郎は、「演劇《しばい》を改良して見ようと思立《おもいたつ》たのは、私が十三の頃でした」と語っている。彼は一八四〇年代の初めに土佐派の絵を習って、絵巻物などを見るようになるが、それを見ていると「演劇《しばい》で仕《し》て居るのは皆嘘だ」という思いが強くなってきた。父の八代目団十郎は、本物の鎧《よろい》を付けて舞台に出て、江戸を追放されている。有職故実《ゆうそくこじつ》を知る識者にも、「河原乞食」である役者は、接触できなかった。

この団十郎の悔しさは、明治維新によって活路を見出した。「幕府が喧《やかま》しかった法度《はっと》も構《かま》わ無いように成ったから、多年考えて居た改良が漸《ようや》く出来る気運に向かって来た」。「俳《やく》優《しゃ》が武士に成って舞台へ出るのに、鎧の着けよう、弓矢の骨法《こっぽう》を心得て居無いようでは、とても武士の精神は写され無い」というように、団十郎は演技・演出にも写実をもとめるようになっていった（榎本虎彦『桜痴居士《おうちこじ》と市川団十郎』）。

団十郎は、まず「白粉《おしろい》を全く施《ぬ》らずして舞台に出るようになりたるは、われら最初《はじめ》なり」（松井真玄『団洲百話』）と、化粧を拒否し、「台詞《せりふ》で無く談話のように云おうと思った」（榎本前掲書）と、台詞術を変えた。そして、芝居の終わりを「下座の時計の音にて幕を引きたり、是れ優《ゆう》が木《き》無しの幕を引きたる」（『続々歌舞伎年代記』）といった、舞台の終わりの柝《き》を廃止した。

これを、俗に団十郎の「活歴史《かつれきし》（活歴）」（生きた歴史）と呼んだが（図14）、戯作者仮名《かな》垣魯文《がきろぶん》らは、団十郎の芝居は「横浜で南京（中国人）に路を聞くようで解らねえ」（『歌舞伎新報』）と、酷評している（今尾、一九九七）。しかし、政府の高官たちには評判はよく、団十郎らは内務省兼太政官の大書記官になっていた松田道之に接近するようになる。

明治政府が、風俗の取締りの対象としてしか見ていなかった演劇を、「文化」として見直すようになったのは、一八七九年（明治一二）のアメリカ前大統領ユリシーズ・シンプソン・グラントの来日が大きな契機であった、と倉田喜弘は指摘している。接待に当たった参議岩倉具視《ともみ》は、グラントに能を見せ、この経験から「欧米諸国に於いて帝王・貴族が

図14　九代目市川団十郎の活歴

彼《か》の『オペラ』を保護するの例に倣《なら》い、この能楽を保護して永久に伝えんことを図る」（『岩倉公実記』）ようになった。

翌八〇年六月一〇日の参議寺島宗則邸での夜会では、歌舞伎が上演された。その翌日の侍従会では、参議大隈重信らが、歌舞伎の上覧を提言しているが、侍従長米田虎雄らの反対にあって挫折している。「維新の大業が半途の今日、天下の形勢は不穏で、士族はもとより社寺の人たちも大いに困窮しているなかで」、「聖上が無用の芝居をご覧になるようでは、昔流の考えを持つ者はますます不平を鳴らす」というのが米田の反対理由であった。

しかし、民衆を「啓蒙」する手段としての演劇に関心をもっていた参議伊藤博文は、松田道之を使って演劇の改良を図ったが、その松田が八二年に早逝すると、娘婿で内務省参事官末松謙澄《すえまつけんちょう》を使って、演劇改良運動を推進した。八六年七月八日、伊藤邸で「劇場改良」が話し合われるが、このとき、演劇改良が急がれたのには、二つの背景があった。

ひとつは、前年の八五年一月からロンドンで開催された「日本人村」の催しが、現地の日本人をして「国辱」だといわれるほどの失敗であったこと、その影響から生まれたコミック・オペラ「ミカド」が、皇室の権威を著しく傷つけるものだと受けとめられたことである。イギリスから帰国した末松は、伊藤の命を受けながら、演劇改良会を組織する。そして、宮内大臣伊藤の働きかけによって、八七年四月二六日の外務大臣井上馨《かおる》邸での天覧歌舞伎が実現する。

このとき、井上は「天覧によって俳優『一般の位置を押し上げ置き、おいおい世間一般開化にそって、両陛下も新規芝居建築のうえはご覧あそばされ』るようになります」。『宮内省辺の俗論』は押さえ込んで下さるよう、お願いいたします」（『伊藤博文関係文書』）といった書簡を、盟友伊藤に送っている。ここに、伊藤＝井上らの天覧の意図が語られている。

しかし、倉田は、宮内省の反対を押し切ってまで天覧を急いだのは、オペラ「ミカド」の来日という問題があり、「演劇改良会は日本国内向けの『ミカド』対策であり、演劇上覧は『ミカド』の絵空事を粉砕する日本外務省の対外工作だ」と推論する（倉田、一九九九）。だが、ここまで皇室の尊厳を傷つけられることを恐れた背景には、当時の自由民権運動などの社会的勢力の動きへの配慮があったと考えられる。

「河原乞食」からの脱出

天覧歌舞伎が、直接的にはオペラ「ミカド」の対策であったとしても、天覧は歌舞伎の地位を確実に向上させた。一八八七年（明治二〇）一〇月、三重県の伊勢に巡業した尾上菊五郎が、長盛座《ちょうせいざ》で手打ちをしたとき、見物の間から「天覧の俳優第一等じゃ〳〵」(『歌舞伎新報』)というかけ声がかかったという。また、団十郎の「活歴」が、歌舞伎界全体に蔓延したのも、天覧の権威があったからである(今尾、一九九七)。

そして、なにより「河原乞食」と蔑まれてきた歌舞伎役者の意識も大きく転換していた。演劇改良運動の推進者の一人、東京帝国大学の外山正一《とやままさかず》は、その『演劇改良私考』(一八八六年)のなかで、当時の役者の地位を、次のように語っている。

明治の今日に在りては穢多も無ければ河原乞食も無きが故に、人より人間視せらるゝと否とは全く我が覚悟一つによることとなれば、今の役者の人より賤しまるゝは全く旧慣の幇間《ほうかん》(太鼓持ち)流儀が失せざるからのことにて、所謂《いわゆる》自暴自棄というものなり。聞く所によれば、先年参議方その他貴顕の面々が打ち揃われて、新橋より汽車にて横浜へ行かれんとせられて、将《まさ》に乗車せられんとせられしに、有名なる俳優某が今の御世には穢多も無く、河原乞食も無きことなれば、金さえ出せば上等客いかなる参議貴顕でも汽車の中では御同席、真平御免下されと言いしや否やは知らねども、中に座らせるは誰も知る、まがうべきなき俳優なれば、これはと驚く貴顕がた、思わずあとへタジタジ、互いに見合わす顔と顔、目くばせせられてその室に入らるゝことを止められしも、折かも折りとてその時は、上等室はたゞ一つ、彼の俳優に占められて、前を望めど後ろを見れど、乗るべき車のあらざれば、別に車を仕立てさせ、首尾よくお立ちになりにしとぞ。

役者が一人乗ってきたからといって、別に汽車を仕立てさせるというのもすごい話だが、役者の方は、「金さえ出せば上等客いかなる参議貴顕でも汽車の中では御同席」といった、意識をもってきている（近世文芸研究叢書刊行会、一九九六）。演劇改良運動は、この「河原乞食」意識を転換させ、歌舞伎を「伝統芸能」に転換させるうえで、大きな意味をもった。

しかし逆にいえば、歌舞伎が伝統的な周縁民衆の世界から離れていく過程でもあった。当時の「貧民窟《ひんみんくつ》」といわれた世界には、松原岩五郎の『最暗黒の東京』（一八九三年）によると、「屑買《くずかい》、屑拾い」などの「世の廃物を繕《つくろ》うて活計する手工人を始めとして」、「彼《か》の祭文《さいもん》語《かた》り、辻講釈、傀儡《にんぎょう》遣《つか》い、覗《のぞ》き機関《からくり》等の縁日的野師《やし》、または幼稚園的芸人たる角《かく》頭《とう》獅子《じし》の児供《こども》を飼いて稼《かせ》がする親方」など、大道芸人が生活していた。

彼らの生活は、「襤褸《ぼろ》師《し》は多く屑屋《くずや》と同居し、縁日小細工人は呼売商人《よびうりあきんど》と日雇稼は車夫土方の類と、その他辻芸人は辻芸人と盲人は盲人と同業相呼び相集まって以《もっ》て一個の竈《かまど》を立つるにあり」といった、同業者集団で結束していた。しかし、彼らのなかでも新しい芸能が生まれていた。

松原は、大阪の新開町で、「葭子張《よしずばり》の定席が、車夫、土方、往来諸商人らの立聴《たちぎき》を容《ゆる》して、祭文《さいもん》、浪花節《なにわぶし》を語り、幡随院《ばんずいいん》長兵衛《ちょうべい》、助六《すけろく》徒党の手柄を囃《はや》すの一段」を聞いている。また、東京の車夫たちが、「デロレン祭文を学ぶ」姿を見ている（松原、一八九三）。このように、周縁民衆の世界では、「でろれん、でろれん」と囃す祭文や浪花節が歌われていたのである。

三田村鳶魚は、「秋葉の原で栄えたものは上州左衛門だろう。高座の構えは講釈と同様で、それでも後幕を持っているのが多かった」。「この上州左衛門は浪花節の中の関東節へ系統を引いたものと思われる。上州左衛門はまたデロレンと呼ばれた。デロレンは法螺貝《ほらがい》の音である。名古屋で発生した源氏節、あれは新内の三派の中の岡村美根太夫が、何のわけでか破門され、説教節へ自分の芸を持ち込んで、新しい源氏節を創造した」と語っている（三田村、一九二二）。

この「祭文語りから一流を為《な》して、今の所謂《いわゆる》浪花節なるものを案出した」（伊藤痴遊《ちゆう》『記憶を辿りて』）のが、浪花節組合の二代目頭取になった浪花亭駒吉である。そして、「貧民窟」のなかで父吉川繁吉から祭文語りを学んでいた少年こそ、明治後期の浪曲ブームの立て役者となった、桃中軒雲《とうちゅうけんくも》右《え》衛門《もん》こと吉川小繁であった。兵藤裕己は、浪花節などが均質な「日本人」のメンタリティやナショナリズムを育てた「声」であることを重視している（兵藤、二〇〇〇）。歌舞伎が悪所から離れていくなかで、周縁民衆のなかからも浪花節のような新しい芸能が生まれている。しかも、その浪花節が、芸能としての「市民権」を得るのも、一九〇七年三月二〇日の兵庫県での有栖川《ありすがわ》宮妃の前での御前講演であった、というのはなんとも皮肉な結末である（倉田、一九八〇）。

「国技」への途

相撲もまた、歌舞伎と同じ途を歩むが、七一年一〇月二九日の東京府の「裸体禁止令」を受けて、一八七二年三月、蛇使いおよび男女相撲その他、「醜体《しゅうたい》の」見世物が禁止される。次いで同年一一月の違式詿違《いしきかいい》条例によって、「男女相撲並びに蛇使その他醜体を見世物に出す者は、一十より少なからず二十より多からざる」むち打ちの刑に処せられるようになった（第二五条）。そのうえ東京府から警視庁への七四年五月二八日の通達では、「元来、角力業は裸体となり鼓勇《こゆう》勝負を決し、あるいは身を傷つけたりするので、なるべく漸次廃絶せしめるべく」内務省へ具申するよう諮問している。七二年一二月二〇日には、力士の稽古が終わって、褌《ふんどし》のまま湯屋に行くのまで、当局の許可が必要となった。

ただ、違式罪の「『男女』相撲の禁止は、猥褻《わいせつ》な『男と女』の相撲なのか、男相撲、女相撲、男と女の相撲なのか曖昧で、各地の実施面では現場の時々の判断で、いろいろになったらしい」といわれている（雄松、一九九三）。しかし、明治の初年には、相撲は「悪場所」の見世物として位置づけられていた。

また一八六九年（明治二）の版籍奉還、七二年の廃藩置県によって、力士のパトロンであった旧藩主が、これを機会に抱え力士を辞めさせた。これは、「相撲渡世」などといいながら収入の多くを、藩主の扶持《ふち》に依存していた力士たちにとっては、大きな打撃であった。

しかも、明治維新は吉田司家を中心としていた相撲の「故実支配体制」にも亀裂を生み、吉田司家と五条家との間で対立を生んだ。そして、興行体制まで分裂し、多くの力士が東京を離れ、京阪の相撲に参加するようになった。まさに相撲界は存亡の危機にみまわれていた。

このなかで、一八七八年二月五日、警視庁は「角觝《すもう》並行司取締規則及興行場所取締規則」を公布した。同規則では、力士や行司は鑑札を受けねばならず、しかも相撲組合は東京府で一つしか認可されなかった。新田一郎は、七三年から力士の待遇改善を要求し、相撲会所の改革を叫んでいた高砂浦五郎《たかさごうらごろう》らの一門が地方巡業中に出されているところから、「高砂以下改正組の面々は鑑札をうけることができず、東京府下での興行が不可能になった」この規則が、「改正組」の締め出しをねらったものだとしている（新田、一九九四）。

制定のねらいは、そこにあったとしても、同布達では「賭博《とばく》に類する所業を為す者については、すみやかに警視官吏に密告せしむるよう」（石田、一九三九）といった規定もあり、歌舞伎と同様、地域の「推放」「通り者」といった、俠客との関係を規制しようとするものであった。結局、政治家の介入によって、七八年五月、高砂らの東京相撲復帰が実現し、同規則による改革もある程度実現した。

この相撲界の危機を救ったのは、一八八四年（明治一七）三月一〇日の芝延遼館《えんりょうかん》でおこなわれた天覧相撲であった。天覧相撲は、これまでも一八六八年の大阪座摩《いがすり》神社を皮切りに、七二年の大阪造幣寮、八一年の東京島津別邸と、過去三回おこなわれている。しかし、八四年の天覧相撲は、その規模や影響力において、他の天覧相撲とは比較にならない。また同場所での図15にある横綱梅ヶ谷藤太郎《うめがたにとうたろう》（初代）と、新鋭大達羽左衛門《おおだてうざえもん》との死闘は人気を呼び、相撲人気の回復に貢献した。しかも天覧相撲にあたって、梅ヶ谷自身が横綱免

図15　1884年の天覧相撲（歌川豊宣画、大阪城天守閣蔵）

許の授与を吉田司家に望んだことが、吉田司家復活の契機となった。

そして、一九〇九年（明治四二）五月、両国元町《りょうごくもとまち》に相撲の常設館がつくられ、六月二日の開館にあたって「国技館《こくぎかん》」と命名された。最初は、板垣退助の提案した「尚武館」が有力であったが、開館式の披露文にあった、「相撲は日本の国技なり」という作家江見水蔭《えみすいいん》の文章に、年寄の尾車《おぐるま》が注目して、「国技館」を提案した、といわれている。もちろん「国」という言葉の意味は違うが、江戸時代、「国技」といえば囲碁を指しており、相撲は「日本の国技」だという神話は、ここからつくられるようになった（新田、一九九四）。

ここでも男相撲は公認されるようになるが、座頭相撲は消滅している。女相撲は「幾度もの禁止令が出されたにもかかわらず、明治の一時期、興行としての女相撲が隆盛を成」すが、「戦後の価値観の逆転に伴う娯楽の変化には順応することはできなかった」。そして、各地の雨乞いなどの「郷土芸能」として細々と現存している（金田、一九九三）。

このように、芝居や相撲といった「悪所」の見世物が、「天覧」といった天皇制の「聖なる」権威によって生き残り、「悪所」の見世物や大道芸との関係を切っていった。しかもそこには、彼らの近代天皇制と結びついた、壮絶な「身分」上昇運動が存在する。歌舞伎や相撲は、きわめて「伝統的」な芸能（「梨園《りえん》」）やスポーツ（「国技」）としては生き残れたかもしれないが、それは裏返せば、周縁民衆の持つエネルギーと切断していくことでもあった。ここに、「聖なるもの」と「賤なるもの」が、近代天皇制を軸にしながら再編成されていくひとつの例がある。

また、江戸時代のようなそれぞれの身分団体が個別の〝権威〟に依拠している体制を崩壊させなければ、近代天皇制という一元的な〝権威〟のもとに従属させるシステムを創り出すことはできなかったのである。そのために江戸時代の身分制の解体は、必須の課題でもあった。

国民国家は、一部の賤民的芸能を囲い込むことによって、多くの周縁的民衆世界を切り捨てていった。井上ひさしの戯曲『藪原検校《やぶはらけんぎよう》』は、江戸時代の民衆の「悪」のエネルギーを、現代の演劇のなかで再び蘇生させようとするものであり、そこに魅力のひとつがある。

「部落問題」への展望

「解放令」の実施過程をみてもわかるように、日本の近代化は、身分制の解体を急速にすすめ、身分的「中間団体」を排除する方向ですすめられた。近代化のタイプとしては、フランス型に近く（それよりもドラスティックである）、身分的「中間団体」を残し、それを近代的な機能団体に変えていったドイツ型などとは、大きく異なると考えている。したがって私は、部落差別なども江戸時代からの「遺制」として考えるのではなく、日本近代の国民国家が創りだしていった問題として考えることが重要だと提案している。今後の研究では、もっと江戸時代の「身分差別」と近代の「部落差別」との区別とを考えなければならない。

これまでみてきたように、江戸時代の身分制は、身分集団と身分集団との間の「分《ぶん》をわける」家職の〝権威〟として存在してきた（高埜、一九八九）。しかも、地縁的な原理に立つ百姓・町人たちに対して、えたや非人、「雑種賤民」たちは中世末以来の縦《たて》社会の原理を持って行動していた。そして、独自のネットワークや婚姻圏を形成していたのである。

三浦圭一も指摘しているように、和泉《いずみ》国の「宿《しゅく》非人」は、宿（夙）のなかで組織され、和泉国の中で一定のテリトリーを、物乞いの場として確保してきた。その呼び名は、勧進場、草場、旦那場、舞《まい》場などさまざまであるが、この〝場〟の権利は、土地支配のシステムとは異なっていた。芸能や物乞いのできるテリトリーを、宿相互間で分割し編成していたのである（三浦、一九九〇）。「このように、中世に既に差別が存在していて、その中世の差別の結果として広い意味での『非人』が、土地に結びついた一般の百姓とは結合の原理を異にして、存在していた」。

また、「このほか、権力支配としては、役による編成、これは『奉公人・物作らず』―『夫役人』―『役立たず』の分類が示していますように、役に立たない（出られない）者を排除するという原理を含んでおりますけれども、その土地に定住し耕作する者を中心として村をつくり出す政策がとられます。したがって、公儀の立場、幕府の立場から見ると、被差別民にも役を負担させ、役の体系に包摂」させてきたのである。

そして、「十七世紀後半になると、町人身分とか百姓身分というものが非常に安定して再生産されてくる。家系が安定してつながり継続していく。そういうことができるようになりますと、『穢多』や『かわた』等に対する、賤民に対する差別、規制も一層強まってくる」と朝尾直弘は述べている。そして「近世後期に周縁的な諸身分がつぎつぎと現われ」てくるが、「それが皆生きていくのに必要であるから、そのために何かの権利を獲得しようとして、集団をつくって、権益を主張するようになっていく」のである（朝尾、二〇〇二）。

それではなぜ、近代になってさまざまな周縁的身分や賤民身分のなかから、特にえた身分だけが部落問題として浮上してくるのであろうか。戦後の一九六〇年代でも、「猿屋垣内《かいと》」、「鉢《はち》」など、さまざまな「雑種賤民」への差別は地域に残存していた。

しかし、近年の研究が明らかにしているように、「特種部落」「特殊部落」という呼称は、日清戦争（一八九四〜九五年）のころから奈良県を中心に使われはじめ、内務省地方局によって全国に波及する（小島、一九九六）。「特殊部落」というのは、それまでの「貧民部落」とは違って、「『貧民部落』が一般の地域社会の枠内にあるのに対して、『特殊部落』はその枠外にある」という意味になってくる（小林、一九九九）。この「特殊部落」という言葉の定着が大きな意味をもってくるであろう。

もちろん馬原《まはら》鉄男も指摘しているように、「身分的な差別の程度に応じて社会的変動の幅が異なってくるものと思われる。東京に限っていえば、願人《がんにん》、乞胸《ごうむね》、非人などの歴史的系譜をもった貧民街は、比較的早い時期に縮小・解体していく」のに対して、「おなじ細民層とはいっても、旧穢多身分の場合は、その後も外部からの流入者を抱えこんで、縮小するどころか逆に増加の一途をたどっている」（馬原、一九八二）。筆者もまた、近代の「部落問題」が誕生してくるのは、「部落」人口の増加していく一九〇〇年前後、国民国家の「確立期」だという展望をもっている。このころから、「非人」系の部落と「えた」系の部落が分離してくる、という研究もあらわれている（小林、一九九七）。

しかし、旧「雑種賤民」への差別が消滅したわけではなく、この差別の問題を部落問題に従属させ、えた系の差別の問題だけを中心に論じるようになったのは、戦前の「実証史家」喜《き》田《た》貞吉《さだはる》とマルクス主義者高橋貞樹の「特殊部落史」研究に責任がある。戦後の部落史研究もその枠を破ってはいなかったと考えている（今西、二〇〇〇）。本書は、その批判の具体化への第一歩である。

アジアのなかの「断髪」令

筆者は、『近代日本の差別と性文化』（今西、一九九八）という本のなかで、近代の国民国家に対応する「国民的」な身体が、どのように形成されたのか、という問題を考えてみた。

「国民的」身体の創出

江戸時代には、いまでも力士などに見られる、右足をだすと右手をだし、左手をだせば左足をだすという「ナンバ」という歩き方をしていた。また東京上野公園の西郷隆盛像は、「足半《あしなか》」といって、足の前半部だけの草鞋《わらじ》を履いているが、これがむしろ一般的であった。民衆は、現在のように走ったり、行進したりはできなかったのである。したがって、学校の体育や、帝国軍隊の初年兵教育では、ほとんどの時間をこの歩調の訓練にあてねばならなかった。

また幕末から明治の初めに日本に来た欧米の人びとは、日本の裸体習俗や混浴を「野蛮」と考え、この改善を明治政府に訴えた。そこで、一八六八年（明治元）八月四日、横浜で裸体禁止令がだされた後、各地で裸体禁止令がだされた。その集大成が、一八七二年（明治五）一一月に東京で公布され、翌七三年から全国に布告された、違式詿違《いしきかいい》条例（現在の軽犯罪法の前身）である。

そして、「悪臭」のために病気になる、というヨーロッパの「臭気説」も輸入され、乞食や賤民、「山家《さんか》」といった人びとが、「乞食狩り」や「山家狩り」にあっている。「裸体」や「臭気」は「野蛮」であり、排除の対象となったのである。

このような国民国家の「文明化」政策のなかで、「アイヌ」や沖縄といった周縁の文化も抑圧された。北海道では、一八七一年の戸籍法の公布のとき、「アイヌ」を平民に編入するにさいして、「アイヌの開墾する者へ農具を与え、入れ墨を禁じ、男子の耳輪を禁」じている（桜井、一九六七）。もちろん「アイヌ」の入れ墨などが、即時になくなったわけではない。

「アイヌ」を「日本人化」させるための「断髪」という問題ひとつをとっても、そう簡単な問題ではなかった。「アイヌ」伝道につくした、ジョン・バチラーは、その遺稿『わが人生の軌跡』（一九四〇年）のなかで、次のように語っている。

アイヌの男性の長い頭髪と顎髭はとても特徴的です。このことは昔と全く同じなのでありますます。ペリルウㇰ首長の語るところによると、写真を撮られると、寿命が縮まるのと同じように、頭髪を切ることは寿命を短くすることだと、言うのです。その上、頭髪を切ることは安全ではないのです。というのは、そのいくらかでも敵の手に入り、魔術にかけるのに使われないようにしなければならないからです。いくつかのアイヌ・コタンを訪ねてから札幌に戻ってきたある日、私は一人の泣いているアイヌの女性に会いました。

彼女は、「私のかわいそうな息子が札幌の日本の刑務所に入れられ、頭髪を切られてしまいました」と、言うのです。

彼女の言わんとするところは、投獄されることは、ひどい刑罰ですが、頭髪を切られるのは、彼の寿命を縮めることになり、さらに、ひどい刑罰に価するものだ、というのです。

「アイヌ」の刑罰のなかでは、鼻そぎ髪剃《そ》りは、もっとも重い刑罰であった。「アイヌ」

世界では、「悪事をなしたる者あれば、その人を罰するの法、三つあり。一つはイトラスケ、二つにはサイモニ、三つにはツグノイなり。イトラスケとは、イトは鼻をいい、ラスケは截《き》るをいいて、鼻を截るということなり。これは不義に女を犯したる者を刑するなり。およそ夷人の境、風俗純朴なるによりて、盗賊などのことも少なく、まして人を殺害することなどは稀《まれ》なるゆえ、刑の用い方も多からず。（中略）ツグノイとは宝器を出して被犯人に渡し、罪これを贖《あなが》うことなり」（『蝦夷国志《えぞ》』）といわれていた。

宮武外骨《みやたけがいこつ》は、「人の妻となりたる者、他に姦淫を犯せば、頭髪を剃《そ》り尼となす。これをもってその犯せる罪あることを人に知れわたらしむの戒《いまし》めとす。また奸夫（姦夫）、もしその妻の夫、あるいはその夫の朋友などに途中にて行き逢《あ》えば、己れが帯びるところの剣、およびそのほかの物も、ことごとく彼に奪い取らるるなり」（野作雑記訳解『蝦夷風俗彙纂』）を引用し、「上の記事は、明治十五年（一八八二）、北海道開拓使の蔵版として発行せし『蝦夷風俗彙纂』の抜載なるが、これによれば、奸通［姦通］者に対しては、鼻そぎ髪剃《そ》りの二刑行われたること知るべし。鼻そぎは近年まで行われしが、我が官憲の説諭にて今は止《や》みしという。（中略）男の鬚髯《ひげ》を剃《そ》るは、奸通罪のほか、窃盗犯者に多く行われたるなり」と語っている（宮武、一九二六）。

図16　養老の辞令書を授与する西役所長（西常央画、沖縄県立博物館蔵）

もちろん、これらの史料は「他者」からの観察であり、その全てを信じるのは危険であるが、「断髪」が「アイヌ」にとって特別な意味をもったことは、多くの人びとが指摘しているところである。

一方、沖縄や南西諸島でも、入れ墨の習慣があり、「貞操を護る呪力的なもの」とされたり、「悪魔除けのしるし」とされてきた。「日本」では、先述の違式詿違条例や、一八八一年（明治一四）の刑法・治罪法によって禁止されてきたので、沖縄でも八一年から調査が開始されるが、入れ墨の禁止は延期され、九九年一〇月二〇日、法的に禁止されるようになった。沖縄では九八年から徴兵制が制定され、「たまたま徴兵令実施の年で、男子の結髪と女子に入墨との歴史的な風俗が、ほぼ時期を同じくして廃止されたが、後者は拘留又は罰金刑」をともなった（『国頭《くにがみ》村史』）。

一八九九年の実施には、九五年の日清戦争での日本の「勝利」というのが大きく作用している。この時期から、沖縄は中国（清）の冊封《さくほう》（朝貢）体制から離脱するようになったのである。図16は、一八八五年から九〇年まで八重山《やえやま》島（現石垣市）の役所長を勤めた西常央のスケッチであるが、辞令をわたす官吏の断髪や洋装と、受け取る島民の髷《まげ》や服装が、なんとも対照的である（石垣市立八重山博物館、一九八八）。

このように「国民的」身体を、周縁地域に拡大し、植民地や「在日」外国人に、「同化」という名のもとに強制していったのが、日本の「文明化」政策であり、その出発点となったのが、明治初年の文明開化であった。

文明開化と「断髪」令

一八七一年に「散髪・脱刀勝手令」がだされるが、すでに六九年二月五日、和歌山藩の公用人より、弁事官へ「頭髪の伺《うかがい》」という伺書がだされている。

頭髪の儀は皇国の法則。近来種々御座候、文武役人共薙髪《ていはつ》（髷を切る）にて相勤なしいても、御差支に相成らず候哉《や》。一度相伺い置き候様申し、納言申し付け越すに付き、伺い奉り候以上。

と、役人が髷を切って、仕事をしても差し支えないか、という伺いがだされている（「公文録」）。これに対して政府は、「追て御規則立てさせらるゝ迄は、従来の如く心得申すべし」という返事をしている。

また七〇年二月五日、朽木《くつき》退一大津県（現滋賀県）権知事より、弁官への伺書には、

当県職員之者共、髪の形総髪又は半髪にて打紐結び、苧《からむし》縄結びあるいは髻髪《みずら》（髪を中央で分け、耳のあたりで輪にする）等もこれあり、区々《まちまち》に相成り来り候、右は何れを

是と致し宜《よろしく》御座候哉。これ等の儀は追て御一定の御制度、仰出され候御儀にもこれあるべきと恐察仕り候得《そうらえ》ば、それ迄の処は被髪を除の外は、前条の通面々適意に致置なし候て宜御座候哉、且し鬚《ひげ》を伸し候儀は勝手次第にて然るべき儀に御座候哉、この段相伺い申候。早々御差図下され度存候也。

と質問している(「公文録」)。これに対して弁官は、同年五月七日、「被髪を除くの外苦からず候事」という返事をだしている。このように、各地の官吏から頭の毛の形をどうするのか、という質問がよせられている。これが「断髪」令をだした理由のひとつであろう。

しかし、「断髪」令をだしても、各地の状況はまちまちであった。七三年八月の『新聞雑誌』は、次のように報じている。

諸県頭髪一定せず。西京は洋風を専《もっぱ》ら用ゆべき御趣意なる故、令を奉じて、大概斬髪《ざんぱつ》なり。滋賀県下にいたっては、十に八、九は断髪になりたり。その故は髪のある者は、月毎に何程か納税いたさせ、学校の費に充てたきとの許可を得、区戸長より令せし故、余儀なく斬髪の者多し。また愛知県下にては、悉皆《しっかい》斬髪の厳令あり、邏卒《らそつ》(警官)処々に出張、往来で半髪の者を見受ければ、生国住所を糺し、管内の者ならば、理解の上直ちに髪を断《たつ》との事故《ことゆえ》、十が十まで斬髪なり。浜松県以東へ近なる程、半髪野郎やへっついあたまなどが多くなり、御政体は一途の訳なるべきに、官吏の着目する所、前後あるいは、また如何なる故ならんかと、咄《はなし》せし人なり。

髷を結っている者に、滋賀県では納税させたり、愛知県では警官を出動させたりしている。また、若松県（現在福島県）のように、髪結いの店に地方税をかけ、斬髪店は無税にして、半髪の者からは一人一年につき五〇銭ずつ金を出させ、それを育児院の費用にした所もあった。このように、かなり強権的・暴力的に「断髪」令が実施されている。

もうひとつの「断髪」令の特色は、上からの浸透という性格が強いことである。七三年三月二〇日、「天皇髷を断ちたまわんの叡慮ありしが、遂にこれを断行あらせられ散髪となしたまう」（『明治天皇紀』）と、まず明治天皇自らが断髪に踏み切った（踏み切らせた）のである。皇后も、同三日に、お歯黒の習慣を廃止した。

この明治天皇の断髪に対する対応として有名なのが、詩人高村光太郎の父親で彫刻家の光雲の話である。職人肌で頑固な光雲は、「丁髷《ちょんまげ》をつけて、夏など褌《ふんどし》一つで歩いて」おり、「裸体禁止令」がでて巡査から注意されても、「着物を着てやろうというので、蚊帳《かや》で着物を拵《こしら》え、素透《すどお》しでよく見えるのに、平気で交番の前を歩いていた」という反骨の人であった。その光雲でさえ、「禁廷《きんてい》さまがおっしゃるんだ」と、あっさり断髪してしまったのである（高村光太郎『回想録』）。

その光太郎は、「暗愚小伝」として、父のことをこう歌っている（高村、一九二七）。

ちょんまげ

おぢいさんはちよんまげを切つた。
――旧弊々々と二言目にはいやがるが、
まげまで切りたかあねえんだ、ほんたあ。
床屋の勝の野郎がいふのを聞きやあ、
文明開化のざんぎりになつてしまへと、
禁廷さまがおつしやるんだ。
官員やおまはりなんぞに
何をいはれたつてびくともしねえが、
禁廷さまがおつしやるんだと聞いちやあ、
おれもかぶとをぬいだ。
公方さまは番頭で、
禁廷さまは日本の総本締《もとじめ》だ。

そのお声がかかりだとすりや、なあ。
いめえましいから、
勝の野郎が大事さうに切つたまげなんぞ
おつぽり出してけえつてきた。——

文明化の先頭に天皇や皇后が立ち（立たされ）、民衆を先導するという啓蒙専制君主的な性格は、一八七一年ごろから強められてくる。東京の官庁でも、大久保利通《としみち》内務卿が断髪して出省すると、翌日には省内全部が断髪するようになった。また、地域でも有力者から断髪させるという方式がとられた。その一例を京都府下の久美浜町でみよう（『奥田家累代記』）。

ある日、久美浜に各村の総代集まりて同宿し居たるに、戸長野村安右衛門なるもの、某村総代の寝込みを襲い、丁髷を切り取ったり、総代驚きて起きあがり、頭を抱えて夜中二里（八㌔）余の道を、自宅まで帰りしことあり。

これと同じことが、沖縄でも起こっている。上からの専制的で啓蒙的な権力が、民衆の生活文化を変えるというやり方は、周縁地域や植民地で、より徹底して実施され、それだけに反発も強くなる。

文明化の論理と反発

まず文明化が、どのような論理ですすめられたかをみておこう。一八七二年の岡山県の布達などを読むと、次のようである。

結髪《けっぱつ》は従来我国の風習に候得共《そうらえども》、前顱《まえがしら》の毛前を刺（剃り）落とし、髷を設けるに至っては、戦国以降の礼裁にして、殆ど支那（中国）の弁髪にも斉《ひと》しき陋習《ろうしゅう》共《とも》謂《い》うべきものにこれあり。（三月二五日）

凡《およそ》人間護身壮健の法は、頭脳より大切なるはなし。是《これ》を等閑にし、寒暑酷烈を受ける時は、百病是より発す。昔は皆半髪なし、冠り物を用ゆ。今の手拭いその余風残れり。近頃聞く、三港東京大阪横浜兵庫等初め皆其《その》失を諭し、一般半髪を止めるの説あり、人身上に於いて尤《もっと》も務むるの大切なり。依って普《あまね》く護身健康を要せんと欲せば、半髪を止《や》め身の精心を養い、その家業を益《ますます》昌せんことを慮《おもんぱか》るべし。是《これ》全《まったく》守身《しゅしん》安全のため、この儀掲示す。（一〇月一七日）

結髪は、中国の弁髪《べんぱつ》と同じというのもすごい論理で、中国では一七世紀に異民族の清朝にかわったとき、男子は（僧侶と道士を除いて）、みな弁髪と胡服《こふく》を強制された。これに対して反乱が起こり、江南《こうなん》では十数万人の虐殺があった。したがって一九一一年の辛亥《しんがい》革命のときには、この清初の暴圧が宣伝され、断髪になることが革命のシンボルとなった。日本や朝鮮の強制された断髪とは、少し論理が違う。

しかし、このように、文明、健康、安全という論理が全面に掲げられ、これに反対するものは、「陋習」であり、無用なものとして排除の対象となる。「裸体」や「悪臭」は、まして許されないものである。だいたい、どの府県でもこのような布達がだされている。

また岡山県の公文書のなかに、「ある人散髪の五益を弁ずるの写」として、次の五つの効果が説かれている。

第一　結髪の時間を費すべき事
第二　結髪の入費なき事
第三　上《ママ》発気を閉塞し、病を起こすの憂いなき事
第四　衣服を垢穢《あかけが》するなき事
第五　便利にして、且《か》つ愉快なるを覚ゆる事

この議論は、かなり一般的であったとみえて、『横浜毎日新聞』の七四年二月一六日付で、神奈川県第八区一番組小野治《ママ》（路）村の小島為路《ママ》（治）は、「断髪苦情一家言」を書いて反論している。小島は、「来る二月十五日を期とて皆断髪すべきの伝帖《たつし》を得て、よって窃《ひそか》に思惟《おもう》するに」、「故《こ》を捨て新に帰するは蓋《けだ》し人情」ではあるが、ただ「断髪」だけは

「疑網未《うたがいいま》だ解せざる」とする。その理由の第一は、断髪は経費がかからないといっても、結髪とたいして相違がないこと。第二は、結髪はたかだか三〇〇年ぐらいの習慣で、「故」というほどでもないこと。第三は、「断髪すれば則《すなわち》礼儀に適い、あるいは開化進歩の理有るや否を未だ審《つまびらか》にさせず」というのである。

これに対して、同紙の三月四日付で、玉河南軒梅香が、「断髪苦情弁駁《べんばく》」を書いて反論している。また、小島も三月二四日付の同紙で、「断髪苦情弁駁に答議する」を書いて再反論している。

しかし、なにより「断髪」令などの新政に強く反対したのは、七一年から西日本を中心に起こってくる、新政反対一揆である。この一揆には、画一的な「近代化」に反対したり、「国民的」身体の強制に反発するという積極面もあるが、七二年の岡山県の美作《みまさか》「血税」一揆に見られるように、元えた一八人の虐殺といった「集団的虐殺」がおこなわれた。同一揆では、民衆は、徴兵、断髪、小学校、「解放令」、牛の取り上げ、土地均分などに恐怖して、「この儘《まま》にては人種きれる」と叫んで、元えたを襲撃している（今西、一九九三）。

一般の民衆にとっては、「ざんぎり」頭になることは、えたや非人身分に転落することを意味した。伝統社会では、男性の場合、初冠《ういこうぶり》が成人式とされ、童子の髪を切り、もと

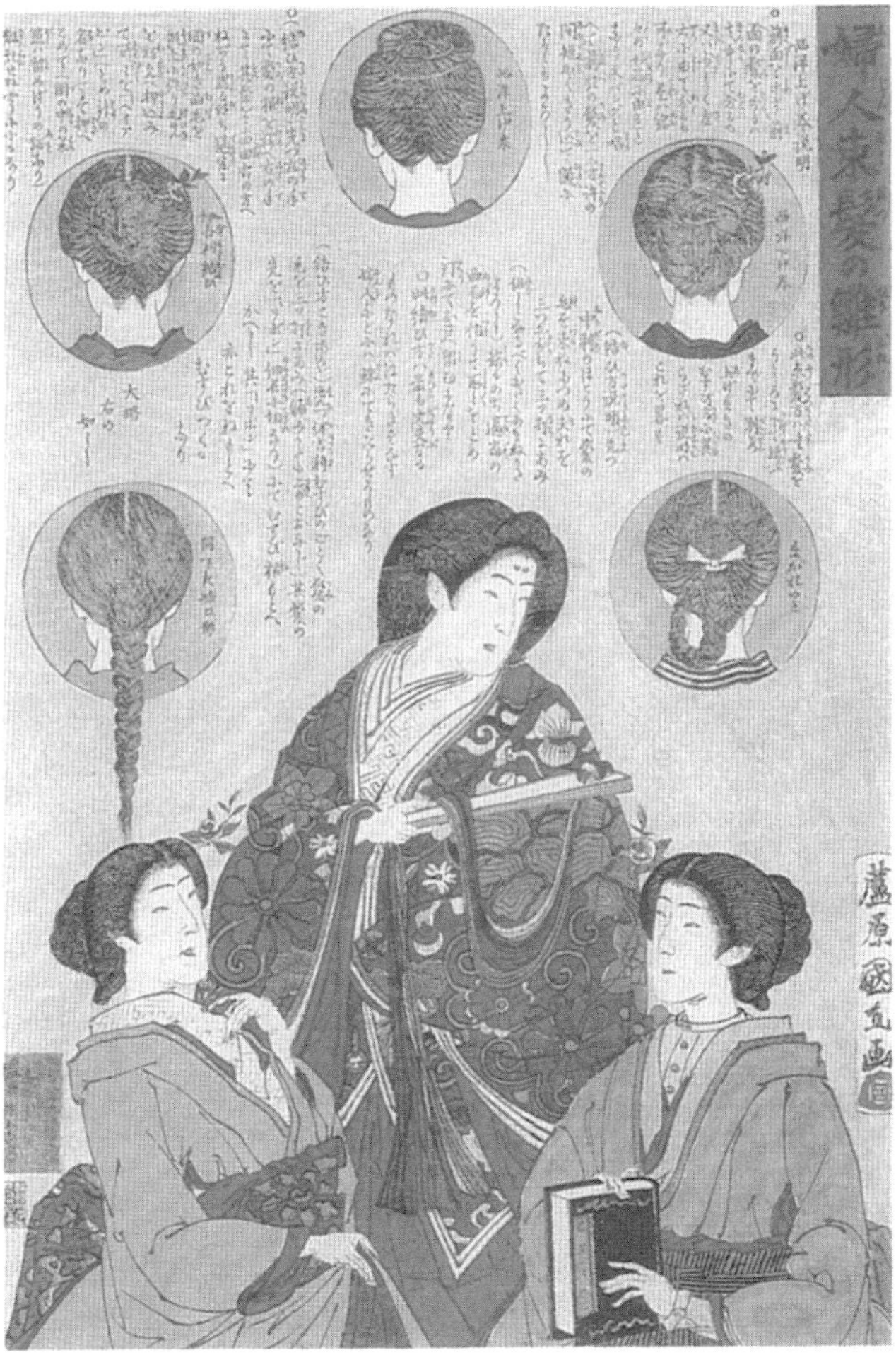

図17　婦人束髪の雛形の説明書（芦原国直画）

どりを結び、冠をつけることによって成人の象徴とされた。男性で成人を迎えても髪を切らず、童髪のままでいるのは、牛飼童《うしかいわらわ》や寺院の堂童子《どうどうじ》、「京童《きょうわらわ》」のような都市のアウトサイダーか、「酒呑童子《しゆてんどうじ》」や「茨木童子」などの「童子名」を名乗る山賊、またはえたや非人のような日常の社会秩序から排除された人びとであった（佐竹、一九七七）。

しかし、民衆は比較的短時間に、この「負の記号」を受け入れている。一方、女性の場合、「断髪」令を受けて断髪をする女性が現れると、政府はたびたび禁止令をだしている。東京府では、七二年四月に女性の断髪禁止令をだし、翌年一一月一九日の「各地方違式詿違条例」にも「婦人にして謂われなく断髪する者」を処罰する規定（第五二条）がもりこまれた。

そして、八五年に渡邊鼎《かなえ》（医者）や石川暎作《えいさく》らによって「婦人束髪会《そくはつ》」ができる（図17参照）。女性の髪形として束髪が奨励されるが、渡邊の論理には、「婦人束髪会」を「『文明ノ率先者』という立場を担う存在にしようと」していた。「すなわち『結髪《けつぱつ》』に対峙する『束髪』。少なくともこの時期の渡邊の思想は、物事を『文明』と『野蛮』に分割し、『文明』を追い求め、『野蛮』を否定し排除することを目的とする啓蒙思想をその主体において」いた（渡邊、二〇〇〇）。ここで男性の断髪とともに、女性の束髪こそが「文明化」

＝「国民化」の象徴となった。

アジアのなかの「断髪」令

最後に、この「断髪」令が、アジアのなかでどのような意味をもったか考えてみたい。一八八八年（明治二一）、宮崎県で開催された勧業共進会に参加した、八重山島役学事係の豊川善佐（後の石垣村長）は、その『自叙伝』に、

当時沖縄県人は、結髪笄差《こうがいさし》でしたから、内地では吾々《われわれ》一行を珍らしがり、これは男だろうか、女だろうかと、共進会の出品物よりも吾々の方がかえって話題に上ったのであります。

と、もう八〇年代になると、断髪をしていない人間の方が珍しがられたのである。沖縄の人びとにとっては、「カタカシラを切るということは命をとられる位おそれて」いたのである。

一八八八年、まず沖縄師範学校全生徒の断髪から始まった。翌八九年、間切《まぎり》吏員、県吏員、教員が断髪し、九五年には那覇小学校生徒、九七年から一般の人びとの断髪が始まった、といわれている。

八重山では、日清戦争の最中、一八九五年（明治二八）五月三日、八重山高等小学校と

大川尋常小学校の生徒が、小浜・竹富島へ修学旅行に行ったとき、竹富島で生徒が寝ている間に、一斉に断髪がおこなわれた。途中で目を覚ました生徒が逃げ回り、一大騒動に発展した。帰校したときに、父兄は海岸で泣いて生徒を出迎え、引率の教員は全員総辞職したが、一四〇名の役人は辞表を出してストライキをおこない、頑固党の父兄は生徒の登校を拒否した。この事件は、那覇・名護・宮古にまで波及し、「断髪騒動」といわれた（三木、一九八七）。

先述したように、沖縄では、この直後から徴兵制が布《し》かれるようになり、男子の断髪が法制化される。後年の「沖縄学」の第一人者伊波普猷《いはふゆう》なども、このときの学校での断髪の思い出を『古琉球』（再版、一九一六年）などに書いている。有力者の仲介によって事件は解決するが、その後も強行な断髪は続いた。そして、一九〇三年正月、人頭税廃止、新税施行の祝賀会で、主催者の大浜用要が、「口先ばかりでなく、心も形も真に日本国民とならなければならない」と強調して、役場の吏員たちにも、断髪を強制した（牧野、一九七二）。大浜の「真に日本国民とならなければならない」という言葉こそ、沖縄での断髪強制の意味をよく現わしている。

九四年七月、日本を後ろ盾にしていた、朝鮮の開化派金弘集《キムホンジップ》政権も、甲午《こうご》改革という近代化政策を推進する。この改革には、「賤民解放」なども含んでいるが、このときに実施された「断髪」令は、おりからの閔妃《ミンビ》暗殺事件とかさなって、民衆の猛烈な反発をまねき、九六年一月から各地で反日・反開化派の義兵運動を引き起こした。朝鮮では、「断髪」令に抗議して、自殺者まででる騒ぎとなった。その様子の一部を、『京城府史』から見ておこう。

断髪の詔勅により官吏は数日中に断髪を断行したが、一般民衆のこれを厭うことは甚だしきものがあったから、政府は戸毎に吏員を派して断髪せしめ、城門を出入するものに対しては、警察官をして頭髪を検せしめ一々これを切断せしめた。この極端なる強制を受けて民衆中には号泣するものあり、城外に転居するものあり、官吏中にこれが為に辞職するものがあった。

しかも、京城《キョンソン》（現ソウル）の城中だけではなく、地方にまで実施させようとして、各地で反乱にあっている。反乱の最初は「閔派の根拠地たる江原道《カンウォンドウ》春川《チユンチヨン》」で起こり、各地に波及して、「春川府観察使曹寅承《チヨウインスン》・忠州《チユウジユ》府観察使金奎軾《キムキヨウシツク》等は惨殺され、その他郡守等の殺さるゝもの数十人に達した」のである（京城府、一九三四）。

先に欧米の帝国主義国家から学んだ日本は、その「文明」の優等生として、北海道から沖縄といった、周縁地域から植民地にまで、国民国家と「文明」を植え付けていった。女性や周縁地域、植民地などといった、よりマージナルなところほど、「文明化」＝「国民化」はタイム・ラグをもってすすんでいる。

西川長夫の言葉を借りれば、「国民国家のモジュール（模倣）性」ということになるのだろう（西川、一九九八）。後発国は、先進国の「国民国家システム」を模倣することによって、「近代化」していったのである。

筆者は、日本の国民国家の「確立」する時期を、この日清・日露戦争に「勝利」し、植民地帝国として膨張していく時期だと考えている。この時期から、地方改良運動が実施され、「風俗」の改良や「方言」の撲滅が喧伝《けんでん》され、民衆の「国民化」が本格化する。「国民文学」や「国民文化」が確立する時期である。そして、被差別「部落」でも、「風俗」の改善がやかましく騒がれ、各地で「部落改善」運動が展開してくる時期でもある。この時期こそ、先述したように近代的な「部落問題」の誕生期でもある。

再び西川の言葉を借りれば、「『国民』が創出された今、政治的な対抗の最も重要な境線は、『国民的』か『非国民的』かによって区切られることになった」（西川、一九九九）。この時期、「植民地帝国」となった日本が、本国や植民地で、どのような差別をつくりだしていくのか、次に考えてみたい課題である。今日、差別の問題を考えるとき、一国史的に考えるのではなく、周縁地域や植民地の問題を視野にいれて考えることが重要である。

また「断髪」騒動の例に見たように、帝国化はますます「国民」化を促進し、「異質なもの」を排除して、それとの対立を深めていく過程でもある。その「異質なもの」、「非国民」として排除された人びとがどのような反逆の声をあげていくのか、それを見据えることが今日重要である。

あとがき

今日、絵画の鑑賞といえば、入場料を払って、美術館で額縁にはいったカンバスに描かれた絵を見ることが普通になっている。しかし、私の子供のころは、家の近所の八坂神社や智恩院《ちおんいん》に行けば、障子に描かれた絵や、奉納された絵馬を、自由に鑑賞できた。七月の祇園祭りの宵山《よいやま》（前日）、宵々山《よいよいやま》（前々日）の室町辺の路地では、家を開け放ち、家の美術品を公開して、まさに町中が美術館になっていた。

祇園に近かった私の町《ちょう》では、すぐ近所に日本舞踊の先生がいて、長唄や新内節《しんないぶし》がいつも聞こえてきた。私も、妹と一緒に、日本舞踊を習いに行かされたが、いたずらばかりしていて、すぐ破門になった。

円山公園には見世物小屋が建ち、新京極では香具師《やし》の口上にだまされて、すぐ書けなくなる万年筆を買って帰って、しかられた思い出がある。さすがに大道芸こそ少なかったが、豆腐屋や頭にものを載せて売り歩く大原女《おはらめ》たちの振り売りの声が町に響いていた。

日本画／洋画という厳格なジャンルが存在する絵画を美術館で鑑賞し、古典芸能はともかく、落語や漫才さえも高い料金を払って劇場に行かなければ聞けなくなったのは、つい最近のことである。本書でも指摘しているように、芸能や美術が、その母胎である民衆の生活や文化とかけ離れて、古典や伝統といわれるようになるのは、堕落以外の何ものでもない。

私は執筆の最中、イギリスに資料調査に行ったが、ロンドンの街角での大道芸のおもしろさには感激した。一九九五年の秋、ベルリンで聞いた辻音楽師の演奏以来である。私の青春時代、日本でも一九六〇年代から七〇年代にかけては、さまざまな街頭パフォーマンスや「家元」制度に反抗する運動があった。しかし今日、確実に美術や芸能は、美術館や博物館、劇場に囲い込まれている。再び二一世紀には、新しい大道芸や街頭パフォーマンスが復活することを期待して本書を記した。

昨年八月三一日、飛鳥井雅道先生の御逝去を知った。七月末に京都に行って、西川長夫・祐子先生ご夫妻に、夕食をご馳走になっている時、飛鳥井先生が危篤であると聞かされていた。

在京時代、飛鳥井先生から直接にお教えを受けた回数は、残念ながらそう多くはなかった。佐々木克先生に誘われて、京都大学人文科学研究所の研究員になったのが、一九八八年の四月から、小樽に移る九一年春までの三年間であった。このとき、すでに飛鳥井先生のお体は悪く、研究会にも欠席されることが多かった。しかし、数少ない機会であったが、その明晰な論理と博識からは、多くのことを教えられた。

高校時代、小田切秀雄氏らのマルクス主義文芸理論の影響を受けていた私には、飛鳥井先生が二〇代前半の若さで書かれた政治小説研究『日本の近代文学』（三一書房、一九六一年）は、衝撃的な書物であった。それまでの日本近代文学史の常識である、「近代小説＝近代的自我」というシェーマへの批判と、その背景にある「政治と文学」論争への深い問題関心など、今でもその読後感を鮮烈に覚えている。

数少ない経験ではあったが、高校時代からの憧れの飛鳥井先生から直接学べたことは、京都時代の貴重な思い出である。私は従来から日本史の学界では、先生の業績への評価が不当に低いと考えているが、これも新たに再評価される日がくると信じている。

最後になったが、資料調査に伺った、大英図書館をはじめ日本各地の図書館、資料館、博物館には随分お世話になった。また編集を担当して下さった永滝稔氏にも感謝したい。いろいろ勝手なお願いをしておきながら、体調を崩したために、原稿を大幅に遅らせてしまった。氏の根気強い催促のおかげで、本書を書くことができた。最近も、私の遅筆のために、「文債」がたまる一方だが、五月からの韓国での在外研究中に一部でも返済し、なんとか「自己破産」だけは避けたいと考えている。

二〇〇一年二月一二日

今西　一

参考文献

青木繁　1997「子供芝居・中芝居」(『岩波講座　歌舞伎・文楽　第3巻』岩波書店)
赤坂憲雄　1985『異人論序説』(1992　ちくま学芸文庫)
赤坂憲雄　1991『排除の現象学』(1995　ちくま学芸文庫)
赤坂憲雄　1996・98『東北学へ』1～3　作品社
秋田昌美　1999『女陰考』桜桃書房
阿久根巌　1977『サーカスの歴史』西田書店
朝尾直弘　1995『都市と近世社会を考える』朝日新聞社
朝尾直弘　2001「『身分』社会の理解」(奈良人権・部落解放研究所『日本歴史の中の被差別民』新人物往来社)
朝倉無声　1928『見世物研究』(1988　思文閣出版)
阿部善雄　1981『目明し金十郎の生涯』中公新書
淡島寒月　1933『梵雲庵雑話』(1999　岩波文庫)
安城市歴史博物館　1998『三河万歳』安城市歴史博物館
石井良助　1988『江戸の賤民』明石書店
石井良助　1994『江戸時代の被差別社会』明石書店
石垣市立八重山博物館　1988『絵が語る明治の八重山』石垣市立八重山博物館
石田龍城　1939『明治秘話』内外出版社
井上ひさし　1974『藪原検校』新潮社
今尾哲也　1974『ほかひびとの末裔』飛鳥書房
今尾哲也　1997「明治の歌舞伎」(『岩波講座　歌舞伎・文楽　第3巻』岩波書店)
今西一　1993『近代日本の差別と村落』雄山閣出版
今西一　1998『近代日本の差別と性文化』雄山閣出版
今西一　2000『国民国家とマイノリティ』日本経済評論社
岩井弘融　1963『病理集団の構造』誠信書房
上杉聰　1990『明治維新と賤民廃止令』部落解放出版社
ヴェーバー，マックス　1920『プロテスタンティズムの倫理と資本主義の精神』(1989　大塚久雄訳　岩波文庫)
梅田千尋　2000「陰陽師」(高埜利彦『民間に生きる宗教者』吉川弘文館)
氏家幹人　1995『武士道とエロス』講談社現代新書
氏家幹人　1998『江戸の性風俗』講談社現代新書

円地文子　1956　『朱を奪うもの』（1963　新潮文庫）
鶯亭金升　1953　『明治のおもかげ』（2000　岩波文庫）
大阪人権博物館　1999　『髪の文化史』大阪人権博物館
小笠原恭子　1992　『都市と劇場』平凡社
雄松比良彦　1993　『女相撲史研究』京都謫仙堂
香畝生　1920　「夙の者雪冤運動」『民族と歴史』第4巻2号
霞信彦　1985　「鶏姦規定をめぐる若干の考察」（1990　『明治初期刑事法の基礎的研究』慶応通信株式会社）
椛田美純　1986　「くぐつの系譜・芸能村」『大分県地方史』第123号
金田英子　1993　「女相撲」（寒川恒夫『相撲の宇宙』平凡社）
川添裕　2000　『江戸の見世物』岩波新書
神田由築　1999　『近世の芸能興行と地域社会』東京大学出版会
木場明志ほか　1982　『陰陽道叢書　3　近世』名著出版
木場明志　1997　「陰陽五行のなりたち」（『陰陽五行』淡交社）
木下直之　1993　『美術という見世物』（1999　ちくま学芸文庫）
京都部落史研究所　1994　『近代に生きる人びと』阿吽社
近世文芸研究叢書刊行会　1996　『演劇改良論集』クレス出版
倉田喜弘　1980　『明治大正の民衆娯楽』岩波新書
倉田喜弘　1999　『芸能の文明開化』平凡社
熊谷勉　1960　「祝言職序説」愛知学芸大学『研究報告』第9輯
京城府　1934　『京城府史』京城府
小林丈広　1999　「『特殊部落』認識における構造と主体」『現代思想』第27巻2号
小林奈美　1997　「日露戦後の都市社会における部落」愛知学芸大学歴史学会『歴史研究』第43号
小林文雄　1996　「通り者の世界と地域社会」（『新しい近世史　第5巻』新人物往来社）
小島達雄　1996　「被差別部落の歴史的呼称をめぐって」（領家穰『日本近代化と部落問題』明石書店）
小松和彦　1985　『異人論』青土社（1995　ちくま学芸文庫）
小松和彦　1998　『異界を覗く』洋泉社
小松和彦・五十嵐敬喜　2000　『創造学の誕生』BIO-City
佐竹昭広　1977　『酒呑童子異聞』平凡社
桜井清彦　1967　『アイヌ秘史』角川新書
司馬遼太郎　1982　『菜の花の沖』文芸春秋（1987　文春文庫）
菅原憲二　1977　「近世京都の非人」『日本史研究』第181号
鈴木棠三　1938　「村に入り来る者」（1972　柳田国男『山村生の研究』国書刊行

会）
鈴木実　1990・92 「土御門家と三河万歳」『安城歴史研究』第16・17号
鈴木良　1980 「日本近代史研究における部落問題の位置」『歴史評論』第231号
須永朝彦　1998 「江戸の半陰陽」（『書物の王国 9　両性具有』国書刊行会）
諏訪春雄　1990 「歌舞伎と賤民」（『鶴屋南北論集』国書刊行会）
高木正一　1986 「消えた京・陰陽師萬歳」『行動と現代』第10号
高木博志　1991 「史料紹介『吉例猿舞の話』」『立命館文学』第521号
高木博志　1997 『近代天皇制の文化史的研究』校倉書房
高埜利彦　1989 『近世日本の国家権力と宗教』東京大学出版会
高埜利彦　2000 「相撲年寄」（塚田孝『職人・親方・仲間』吉川弘文館）
高村光太郎　1927 「暗愚小伝」（1994 『高村光太郎』日本図書センター）
滝川政次郎　1965 『遊女の歴史』至文堂
武井協三　1997 「若衆歌舞伎・野郎歌舞伎」（『岩波講座　歌舞伎・文楽　第 2 巻』岩波書店）
竹内勝太郎　1949 『芸術民俗学研究』福村書店
竹下喜久男　1997 『近世地方芸能興行の研究』清文堂出版
辻ミチ子　1999 『転生の都市・京都』阿吽社
坪内祐三　1999 『靖国』新潮社
弦間耕一　1991 「甲州香具師商人の一断面について」『甲斐路』第70号
徳永高志　1998 『芝居小屋の20世紀』雄山閣出版
永井彰子　1997 「地役者の活動」（『岩波講座　歌舞伎・文楽　第 2 巻』岩波書店）
中尾健次　1998 a 『江戸の大道芸』三一書房
中尾健次　1998 b 「大坂の大道芸人」『大阪の部落史通信』第16号
永浜宇平　1922 『三重郷土志』京都府中郡三重郷土志刊行会
中村茂子　1985 「鳥追い行事と鳥追い芸」『民俗芸能研究』第 1 号
生瀬克己　1996 『近世障害者関係史料集成』明石書店
西川長夫　1992 「国民（Nation）再考」『人文学報』第70号
西川長夫　1998 『国民国家論の射程』柏書房
西川長夫　1999 『世紀転換期の国際秩序と国民文化の形成』柏書房
西尾市史編纂委員会　1980 『西尾市史　現代 5 』愛知県西尾市
新田一郎　1994 『相撲の歴史』山川出版社
丹羽邦夫　1995 『地租改正法の起源』ミネルヴァ書房
野間栄　1982 「芦屋歌舞伎ひろい書」（『芸双書10　かぶく』白水社）
朴銓烈　1989 『「門付け」の構造』弘文堂
バチラー，ジョン　1940 『わが人生の軌跡』（1993　仁多見巌ほか訳　北海道出版企画センター）

服部幸雄　1993　『江戸歌舞伎』岩波書店
服部幸雄　1996　『江戸歌舞伎の美意識』平凡社
服部幸雄　1997　「成立期の歌舞伎」(『岩波講座　歌舞伎・文楽　第2巻』岩波書店)
服部幸雄ほか　1998　『体系日本史叢書21　芸能史』山川出版社
早川孝太郎　1929　「三河万歳のこと」(1973　『早川孝太郎全集』第3巻　未来社)
原田伴彦　1973　『被差別部落の歴史』朝日新聞社
半田康夫　1953　「北原芝居の民俗学的考察」(『北原芝居』大分県教育委員会)
半田康夫　1961　「傀儡から役者へ」『大分大学学芸部研究紀要』人文・社会科学A集第10号
フィードラー，レスリー　1978　『フリークス』(1999　伊藤俊治ほか訳　青土社)
兵藤裕己　2000　『〈声〉の国民国家・日本』ＮＨＫブックス
広末保　1975　『遊行・悪場所』未来社
福島正夫　1962　『「家」制度の研究　資料編2』東京大学出版会
武陽隠士　1816　『世事見聞録』(1994　岩波文庫)
古河三樹　1970　『見世物の歴史』雄山閣出版
牧野清　1972　『新八重山歴史』自費出版
松原岩五郎　1893　『最暗黒の東京』(1988　岩波文庫)
馬原鉄男　1983　「日本都市下層社会研究覚書」『部落問題研究』第74輯
間瀬久美子　1980　「幕藩体制下における『河原巻物』の成立と変遷」『部落問題研究』第64輯
三浦圭一　1990　『日本中世賤民史の研究』部落問題研究所
三木健　1987　「近代八重山における断髪騒動」(『八重山文化論叢』自費出版)
三隅治雄ほか　1966～69　「近世大道芸人資料1～30」『芸能』第8巻8号～第11巻7号
三田村鳶魚　1921　「大道芸と葭簀張り興行」(1975　『三田村鳶魚全集　第10巻』中央公論社)
三田村鳶魚　1927　「江戸に少ない女形」(1999　『芝居風俗』中公文庫)
三田村鳶魚　1938　「相撲の話」(1996　『相撲の話』中公文庫)
宮崎克則　1999　「村芝居と祭礼」『経済史研究』第2号
宮武外骨　1926　『刑罰　賭博奇談』(1998　河出文庫)
宮地正人　1994　『幕末維新期の文化と情報』名著刊行会
村崎修二　1986　『花猿誕生』清風堂書店出版部
森銑三　1933　「大道芸のはなし」(1994　『森銑三著作集　続編　第13巻』中央公論社)

守屋毅　1984 「芸能を演ずる人たち」(『日本民俗文化体系7　演者と観客』小学館)
守屋毅　1985 『近世芸能興行史の研究』弘文堂
守屋毅　1987 『元禄文化』弘文堂
守屋毅　1988 『村芝居』平凡社
守屋毅　1992 『近世芸能文化史の研究』弘文堂
柳田国男　1914 「毛坊主考」(1981 『定本柳田国男集　第9巻』筑摩書房)
柳田国男　1935 「モノモラヒの話」(1981 『定本柳田国男集　第14巻』筑摩書房)
山路興造　1996 「操り浄瑠璃成立以前」『芸能史研究』第132号
山路興造　1990 『翁の座』平凡社
藪田貫　1994 「国訴と民衆」『大阪の歴史教育』第32号
山本尚友　1999 『被差別部落史の研究』岩田書院
吉井太郎　1919 「西宮の傀儡師」『民族と歴史』第1巻1・2号
吉田伸之　1995 「芸能と身分的周縁」『部落問題研究』第132輯
吉田伸之　2000 「鞍馬寺大蔵院と大坂の願人仲間」(脇田修ほか『近世の大坂』大阪大学出版会)
劉香織　1990 『断髪』朝日新聞社
脇田修ほか　1994 『身分的周縁』部落問題研究所
鷲尾正久　1929 「西宮人形座の余蘖」『民俗芸術』第2巻4号
渡辺保　1989 『歌舞伎』(1993　ちくま学芸文庫)
渡邊友希絵　2000 「『束髪案内』再考」『日本歴史』第629号

著者紹介

一九四八年　京都市に生まれる
一九七九年　立命館大学大学院文学研究科修士課程修了
現在　小樽商科大学教授、忠南大学校客員教授、農学博士（京都大学）

主要著書

近代日本成立期の民衆運動　近代日本の差別と村落　近代日本の差別と性文化　メディア都市・京都の誕生　国民国家とマイノリティ

歴史文化ライブラリー
127

文明開化と差別

二〇〇一年(平成十三)十月一日　第一刷発行

著　者　今《いま》西《にし》　一《はじめ》

発行者　林　英男

発行所　株式会社 吉川弘文館
東京都文京区本郷七丁目二番八号
郵便番号一一三—〇〇三三
電話〇三—三八一三—九一五一〈代表〉
振替口座〇〇一〇〇—五—二四四

印刷＝平文社　製本＝ナショナル製本
装幀＝山崎　登

歴史文化ライブラリー

1996.10

刊行のことば

現今の日本および国際社会は、さまざまな面で大変動の時代を迎えておりますが、近づきつつある二十一世紀は人類史の到達点として、物質的な繁栄のみならず文化や自然・社会環境を謳歌できる平和な社会でなければなりません。しかしながら高度成長・技術革新にともなう急激な変貌は「自己本位な刹那主義」の風潮を生みだし、先人が築いてきた歴史や文化に学ぶ余裕もなく、いまだ明るい人類の将来が展望できていないようにも見えます。このような状況を踏まえ、よりよい二十一世紀社会を築くために、人類誕生から現在に至る「人類の遺産・教訓」としてのあらゆる分野の歴史と文化を「歴史文化ライブラリー」として刊行することといたしました。

小社は、安政四年（一八五七）の創業以来、一貫して歴史学を中心とした専門出版社として書籍を刊行しつづけてまいりました。その経験を生かし、学問成果にもとづいた本叢書を刊行し社会的要請に応えて行きたいと考えております。

現代は、マスメディアが発達した高度情報化社会といわれますが、私どもはあくまでも活字を主体とした出版こそ、ものの本質を考える基礎と信じ、本叢書をとおして社会に訴えてまいりたいと思います。これから生まれでる一冊一冊が、それぞれの読者を知的冒険の旅へと誘い、希望に満ちた人類の未来を構築する糧となれば幸いです。

吉川弘文館

〈オンデマンド版〉
文明開化と差別

On Demand
歴史文化ライブラリー
127

2017年（平成29）10月1日　発行

著　者　今《いま》西《にし》　一《はじめ》
発行者　吉川道郎
発行所　株式会社　吉川弘文館
〒113-0033　東京都文京区本郷7丁目2番8号
TEL　03-3813-9151〈代表〉
URL　http://www.yoshikawa-k.co.jp/

印刷・製本　大日本印刷株式会社
装　幀　清水良洋・宮崎萌美

今西　一（1948～）

ISBN978-4-642-75527-6